U1013078

公共文化研究丛书

本书获”重庆市人文社会科学重点研究基地（西南大学三峡库区经济社会发展研究中心）重点项目（16SKB02）”、文化部公共文化研究西南大学基地项目资助。

重庆市全民阅读调查报告 2016

孙道进 著

西南师范大学出版社
国家一级出版社 全国百佳图书出版单位

图书在版编目(CIP)数据

重庆市全民阅读调查报告. 2016 / 孙道进著. — 重庆：西南师范大学出版社，2017.12
(公共文化研究丛书)
ISBN 978-7-5621-9163-6

Ⅰ. ①重… Ⅱ. ①孙… Ⅲ. ①出版物－市场－抽样调查统计－调查报告－重庆－2016 Ⅳ. ①G239.277.19

中国版本图书馆 CIP 数据核字(2017)第 329785 号

重庆市全民阅读调查报告·2016
CHONGQING SHI QUANMIN YUEDU DIAOCHA BAOGAO · 2016
孙道进 著

责任编辑：张燕妮
封面设计：观止堂_未氓
版式设计：闰江文化
排　　版：重庆大雅数码印刷有限公司 · 瞿勤
出版发行：西南师范大学出版社
地址：重庆市北碚区天生路 2 号
邮编：400715
网址：http://www.xscbs.com
市场营销部电话：023-68868624
印　　刷：重庆荟文印务有限公司
幅面尺寸：165 mm×230 mm
印　　张：8.5
字　　数：100 千字
版　　次：2018 年 4 月　第 1 版
印　　次：2018 年 4 月　第 1 次
书　　号：ISBN 978-7-5621-9163-6

定　　价：38.00 元

前　言

党的十八大以来，以习近平同志为核心的党中央高度重视全民阅读。2012年11月，党的十八大报告提出“开展全民阅读活动”。2014年以来，“倡导全民阅读”已连续三年写入国务院政府工作报告。《中华人民共和国国民经济和社会发展第十三个五年规划纲要》也将全民阅读工程列为“十三五”时期文化重大工程之一。可见，提升全民阅读能力、改善我国民众阅读样态，已提升到“国家战略”的新高度。“倡导全民阅读，建设和谐文化”，唤起全社会的读书意识，重庆走在全国的前列。自2007年以来，重庆市委、市政府将每年8月定为“重庆读书月”。“重庆读书月”以“倡导全民阅读，共建书香重庆”为主题，由中共重庆市委、重庆市人民政府主办，市委宣传部、市文化委员会、市科协承办，重庆新华书店集团、重庆市出版集团、重庆日报报业集团、重庆广电集团（总台）协办。迄今为止，该活动已连续举办9年。为了解活动开展的效果以及重庆市民阅读的实际状况，重庆市全民阅读活动办公室、重庆图书馆与西南大学公共文化研究中心合作，历时6

个月,对重庆市38个区县进行了抽样调查。本次调查分为五个阶段:确定受访对象——设计问卷——实地调查——整理数据——撰写报告。具体情况如下:

一、确定受访对象

本次调查对象为重庆市38个区县的居民,发出问卷10 000份,其中,城市发放问卷6 094份,占比60.9%,农村发放问卷3 906份,占比39.1%。回收问卷9 500份,有效问卷8 853份,其中,城市有效问卷为5 315份,占比60.0%;农村有效问卷为3 538份,占比40.0%。每千人发放问卷数为0.33份,大于全国问卷每千人0.01份的发放量,因此调查数据较能体现重庆市民阅读的真实水平,更能反映重庆市民阅读的总体概况。

关于本次调查问卷在区域之间的发放比例,我们参照社会研究问卷抽样惯例,即根据本区域的人口总量,结合样本总量进行同比分配;关于城乡分布上的发放比例,我们采取同样的分配办法。区县问卷发放份数从60份到500份不等,问卷发放符合调研要求和客观实际。

为保证调查数据真实有效,我们招募了158名志愿者,从2016年10月到2017年3月,历时6个月,深入重庆38个区县的城市和农村进行调研。在调研过程中,为保证调研活动的真实进行,进而保证数据来源的真实可靠,我们还随机抽查了几个区县(北碚、南岸、九龙坡等区县)调查小组的活动轨迹和活动过程,防止其"偷工减料"或"数据造假"。本次问卷调查的区县数量全覆盖,人群职业全覆盖,年龄结构全覆盖,是重庆市直辖以来全民阅读调查覆盖面最广,也是最全的一次。同时,对于特殊群体和农村居民,我们的问卷样本也有所覆盖。通过调研得来的这些数据都切实反映了重庆市农村居民的阅读需求和选择偏好。这为重庆市推进文化精准扶贫、制定公共文化政策提供了数据支撑。

鉴于数据采集过程中边远山区居民和残障人士的参与度较低，本次问卷设计中关于残障人士阅读的问题鲜有涉及。这一缺憾寄希望于今后的问卷调查活动克服、弥补。在问卷整理中，我们招募志愿者25名，从2017年1月到2月，历时1个月将问卷得来的数据录入SPSS系统，并严格管理、全面检查、反复核对，确保数据准确无误。

二、设计问卷

有了较为明确的调查问题与受访对象，还要把理想的设计思路外化为实际的调查行动，还要设计调查的具体内容，诸如客观性事实和情感性态度，从哪些侧面去获得并记载这些信息等。这大体包含两步：第一步，编写调查提纲，为此，我们结合重庆图书馆和重庆市全民阅读活动办公室提出的具体要求、指标，包括图书销售量（人均购书量）、图书馆访问量（办证量）、人均阅读图书绝对数、数字化阅读情况、重庆市民综合阅读率等，参照、借鉴其他省市近年来的相关调查问卷，设计问卷问题和选项。第二步，依据问卷内容设计问卷框架，包括卷首语、调查对象基本信息、阅读方式倾向选择、纸质读物阅读信息、数字化读物阅读信息、居民对周围公共设施的了解和满意度等等。每个问题设置2~8个选项，共编写出相关调研问题26道。

三、实地调查

实地调查包括制订调查计划、选取调查对象、确定调查内容、组织调查人员、调查前培训、调查控制等环节。具体情况如下：

（1）调查目的

第一，了解重庆市民阅读情况：包括重庆市民阅读量、阅读渠道等，以此引导重庆市民热爱读书，促进重庆市民科技力和创新力的发展。

第二,判断图书出版向度:重庆市各出版社在未来出版图书时可参照该数据,并根据重庆市民的阅读偏好决定图书资源的配置。

第三,提高阅读设施设备的使用率:本次调查可真实地反映各区县公共文化设施的使用率,了解重庆市民对已建成的文化设施的知晓度和利用率。政府据此可调整未来的资源配置与布局,增加重庆市民使用效率高的公共文化设施,减少使用率低的公共文化设施。

第四,实证分析重庆市民的阅读情况,完善重庆市民本土阅读数据,为全民阅读活动的开展提供理论和数据支撑,进一步推动全民阅读工作的开展。

第五,通过调查农村阅读情况,描述农村阅读状况,了解农民的阅读需求。在推进农村精神文明建设和脱贫攻坚中提供农民需要的文化服务,更好地服务农业、农村、农民。

(2)调查范围和对象

调查范围为重庆市38个区县的城市和农村;调查对象是全体重庆市民。

(3)调查的具体内容

被调查者的基本信息、阅读方式的选择、每年去图书馆的频率、喜欢的图书种类、每年阅读量、每天阅读时间、对居住地附近的公共设施了解程度、纸质阅读的选择偏好、数字化阅读状况、数字化阅读时间、数字化阅读选择偏好、数字化阅读优缺点、对阅读环境的满意度等。

(4)调查手段与方法

随机抽样和整群抽样结合。调查方式上,我们招募志愿者,根据区县问卷多少来配备相应的调查人数,在问卷较多的区县我们分配了两个组长,负责该组的问卷调查全过程。发放地点的选择上,我们让志愿者选择了各区县图书馆、文化馆、乡镇文化站、农村居委会以及人口密集的文化广场、超级市场及其他大型机构附近，符合问卷调查群体分布广泛性和科学性的要求，总体样本能代表重庆市民阅读情况。

(5)培训调查人员

调查人员是整个调查过程的直接组织者和调控者，应具备以下三方面的条件：一是较强的事业心和责任感，严谨、认真以及实事求是的工作态度，二是相关专业的基础知识和一定的科研分析能力，三是团队合作精神。为此，对调查人员的培训应注意以下内容：一是本次调查的语境、目的、任务、意义、步骤及各自的职责，二是调查的组织程序、记录方式、具体要求、调查进程中突发因素的处理等。

(6)调查控制

本次调查分为组织、实施、监督管理三条线，保证问卷调查的客观性、真实性和普遍性。在执行过程中，项目主持人还随机抽取北碚、南岸、九龙坡等区县的调查情况，包括调查者的调查进度、调查方法、调查效果、突发问题等。

四、数据整理

对所有回收问卷进行逐一核查，将雷同问卷以及作答率不足50%的问卷视为无效问卷。课题组还分别将问卷中各具体问题的选择性答案与受访者的性别、年龄、职业、受教育程度、所在区域等因素联系起来，分析判断受访者答题时的心理、态度(是否严肃认真等)，进而判断该份问卷是否有效。接着，对有效问卷进行编码，并按照编码顺序录入SPSS软件系统，以供后期复核和课题委托方重庆图书馆审查结项。数据录入完毕，又安排专职人员对录入数据进行专业检测，改正其中的错误数据，为后期数据分析奠定基础。

五、撰写报告

根据调查数据与重庆图书馆提供的数据,按照要求,课题组将调研报告的编写分为四章:重庆市民纸质读物的阅读状况、重庆市民数字化阅读状况、重庆市公共文化设施配置状况、重庆市民对自我阅读状况与阅读环境的满意度。此外,就相关性小于0.5的对象,生成相应的数据表格与数据图,对数据表格与数据图进行分析,并撰写分析报告。

六、难点与不足

本次调查是重庆市开展的首次大规模全民阅读调查活动,经验积累和技术方面尚欠成熟,问题与不足在所难免:

第一,农村问卷发放采取的是就近原则,导致对偏远地区农村的调查力度不足;在各区县图书馆、文化馆等文化单位做调查时,有的单位人员较多,样本较为充足,有的单位则不然,调查人员只得采取随机访问路人的办法收集数据,因此,所得出的各区县总体阅读情况略有偏差。

第二,在问卷的问题设置上,由于缺乏经验,问题的凝练性和精准性不够,导致受访者对问题的理解有时不够清晰。

第三,资金不足、样本的数量有限、发放空间有限,无法保证所抽样本在受访人群和地理分布上的均匀性;单位样本的抽取难免具有一定的偶然性。

第四,在调查方法上,采取的是简单随机抽样,使得样本中在校学生特别是18岁以下的学生人群较多。

本次调查的优点和不足,对于未来的全民阅读调查来说,都是极其宝贵的。今后我们的全民阅读调查活动将总结经验,吸取教训,争取选题确定更加精准,问卷设计更加科学,实地调查更加全面,数据整理更加严谨,调查结论更加有效,报告撰写更加完美。

目录 Contents

第二章

第三章

第一章
重庆市民纸质读物的阅读状况

1.1 重庆市民阅读书刊的主要来源

1.1.1 书刊来源的板块结构

调查数据显示，23.8%的读者主要通过“实体书店购买”自己喜爱的图书，此种方式占比较高；通过“图书馆借阅”和“网上书店购买”的读者分别占21.8%和20.5%，位列第二和第三；由这三种方式获取自己喜爱图书的读者，所占比重相差不大，差距都在4.0%以内；占比较少的是通过“网上下载”与“街边报刊亭购买”，这两种方式分别占12.1%与

11.9%;占比最少的是“邮局订阅”,仅为4.1%;还有5.8%的读者通过其他方式获取自己喜爱的图书,至于其通过何种方式获取图书,尚待进一步调查。具体情况如图1-1所示:

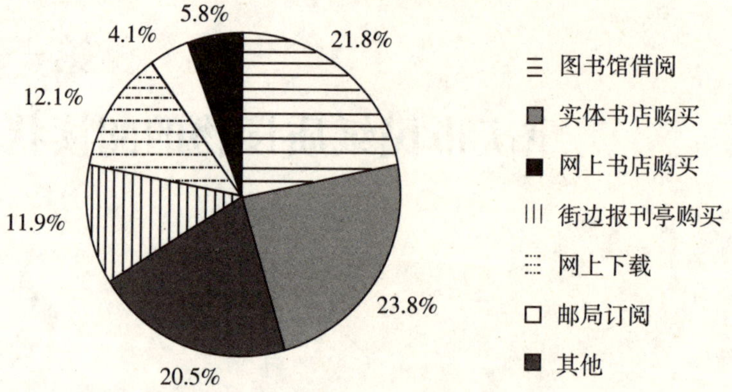

图1-1　书刊来源的板块结构

1.1.2不同性别人群阅读书刊的主要来源

调查数据显示,在阅读书刊的主要来源上,不同性别人群之间不存在明显差异,差距都在3.0%以内。从整体来看,无论是男性还是女性,其阅读书刊的主要来源都是“图书馆借阅”“实体书店购买”“网上书店购买”,在这三种渠道上,男性占64.8%,女性占67.1%;占比最少的是“邮局订阅”这种方式,男性占4.8%,女性占3.5%。具体情况如表1-1所示:

表1-1 不同性别人群阅读书刊的主要来源

性别	图书馆借阅	实体书店购买	网上书店购买	街边报刊亭购买	网上下载	邮局订阅	其他
男	21.6%	23.0%	20.2%	13.1%	11.7%	4.8%	5.6%
女	22.0%	24.4%	20.7%	10.9%	12.5%	3.5%	6.0%

1.1.3 不同年龄段人群阅读书刊的主要来源

调查数据显示，不同年龄段人群，阅读书刊的主要来源是“图书馆借阅”“实体书店购买”“网上书店购买”；在“邮局订阅”这种方式上，“50岁以上”人群占比较高，达8.1%，而“网上下载”这种方式，在“50岁以上”人群中占比较低，这说明“50岁以上”人群在适应现代阅读方式上相对于其他人群较弱，其阅读方式依然停留在传统层面。“邮局订阅”这种方式，其所占比重随年龄段的增长而增加；“街边报刊亭购买”这种方式，其所占比重随着年龄段的增长而增加。

调查数据还显示，在“图书馆借阅”这种方式上，“19岁以下”人群与“26~35岁”人群之间差距最大，达6.6%；在“实体书店购买”这种方式上，“19岁以下”人群与“50岁以上”和“36~50岁”人群之间差距最大，达4.5%；在“网上书店购买”这种方式上，“19~25岁”人群与“50岁以上”人群之间差距最大，达11.3%；在“街边报刊亭购买”这种方式上，“19岁以下”人群与“50岁以上”人群之间差距最大，达10.0%；在“网上下载”这种方式上，“19~25岁”人群与“50岁以上”人群之间差距最大，达7.5%；在“邮局订阅”这种方式上，“19岁以下”人群与“50岁以上”人群之间差距最大，达6.2%；在“其他”方式上，“26~35岁”人群与“50岁以上”人群之间差距最大，达5.0%。具体情况如表1-2所示：

表1-2　不同年龄段人群阅读书刊的主要来源

年龄段	图书馆借阅	实体书店购买	网上书店购买	街边报刊亭购买	网上下载	邮局订阅	其他
19岁以下	24.6%	25.7%	20.9%	8.7%	11.6%	1.9%	6.6%
19~25岁	21.2%	23.2%	23.8%	10.2%	14.2%	3.4%	4.0%
26~35岁	18.0%	24.0%	22.5%	12.8%	13.3%	5.6%	3.8%
36~50岁	19.1%	21.2%	16.6%	17.2%	12.5%	6.3%	7.1%
50岁以上	24.0%	21.2%	12.5%	18.7%	6.7%	8.1%	8.8%

1.1.4 不同职业人群阅读书刊的主要来源

调查数据显示，不同职业人群，在“网上书店购买”与“街边报刊亭购买”这两种方式上，差距最大，其差距分别是11.7%与13.6%；其他获取书刊的渠道相差不大，都在10.0%以内。整体上看，“图书馆借阅”“实体书店购买”“网上书店购买”这三种渠道，是不同职业人群获取阅读书刊的主要方式；占比较少的是“街边报刊亭购买”“网上下载”“邮局订阅”“其他”这四种方式；比较突出的是，在学生群体中“邮局订阅”占比最少，仅占1.9%，而“邮局订阅”占比较高的是“机关事业单位人员”，这也许跟他们的工作性质及职能特点相关。具体情况如表1-3所示：

表1-3　不同职业人群阅读书刊的主要来源

职业	图书馆借阅	实体书店购买	网上书店购买	街边报刊亭购买	网上下载	邮局订阅	其他
学生	24.8%	25.2%	21.9%	8.9%	11.9%	1.9%	5.4%
外来务工人员	17.2%	24.2%	19.2%	15.2%	11.1%	6.5%	6.6%
机关事业单位人员	20.0%	22.0%	21.0%	13.4%	11.7%	9.0%	2.9%
农民	16.2%	21.9%	12.5%	22.5%	7.9%	7.9%	11.1%
企业员工	20.9%	22.7%	24.2%	12.2%	13.3%	3.8%	2.9%
技术人员	20.8%	23.2%	22.5%	10.3%	14.0%	4.7%	4.5%
自由职业者	17.8%	22.1%	17.5%	15.5%	15.6%	5.1%	6.4%
其他	19.8%	21.1%	16.2%	15.8%	10.3%	6.2%	10.6%

1.1.5 不同受教育程度人群阅读书刊的主要来源

调查数据显示，不同受教育程度人群阅读书刊的来源，主要集中在“图书馆借阅”“实体书店购买”“网上书店购买”这三种渠道上，“高中及以下”“大专”“本科”“硕士”“博士”人群，在这三种渠道上，分别占比64.5%，65.1%，69.0%，73.5%，70.1%。

调查数据还显示，在“图书馆借阅”这种渠道上，不同受教育程度人群之间差异不大，差距都在3.0%以内；在“实体书店购买”这种方式上，“本科”与“博士”人群之间差距最大，达6.8%；在“网上书店购买”这种方式上，“硕士”与“博士”之间差距最大，相差8.4%；不同受教育程度人群，在“街边报刊亭购买”这种方式上相差不大，差距都在5.0%

以内;在“网上下载”这种方式上,“大专”与“博士”人群之间差距最明显,相差7.9%;不同受教育程度人群,在“邮局订阅”这种方式上相差不大,差距都在3.0%以内;在“其他”方式上,“硕士”与“博士”人群之间的差距最大,达10.0%。具体情况如表1-4所示:

表1-4 不同受教育程度人群阅读书刊的主要来源

受教育程度	图书馆借阅	实体书店购买	网上书店购买	街边报刊亭购买	网上下载	邮局订阅	其他
高中及以下	22.4%	24.1%	18.0%	12.7%	11.6%	3.6%	7.6%
大专	20.6%	23.7%	20.8%	11.9%	13.5%	5.8%	3.7%
本科	21.6%	22.3%	25.1%	10.4%	13.2%	4.2%	3.2%
硕士	20.9%	26.3%	26.3%	10.3%	8.9%	4.2%	3.1%
博士	23.1%	29.1%	17.9%	8.4%	5.6%	2.8%	13.1%

1.1.6城乡居民阅读书刊的主要来源

从城乡角度来分析,城乡居民在阅读书刊来源上趋同,即在“图书馆借阅”“实体书店购买”“网上书店购买”方面都占20.0%左右,这三个子项为第一层次;第二层次主要是集中在“街边报刊亭购买”“网上下载”,所占比例都在10.0%左右;第三层次主要是“邮局订阅”及“其他”,所占比例都在5.0%左右。具体情况如图1-2所示:

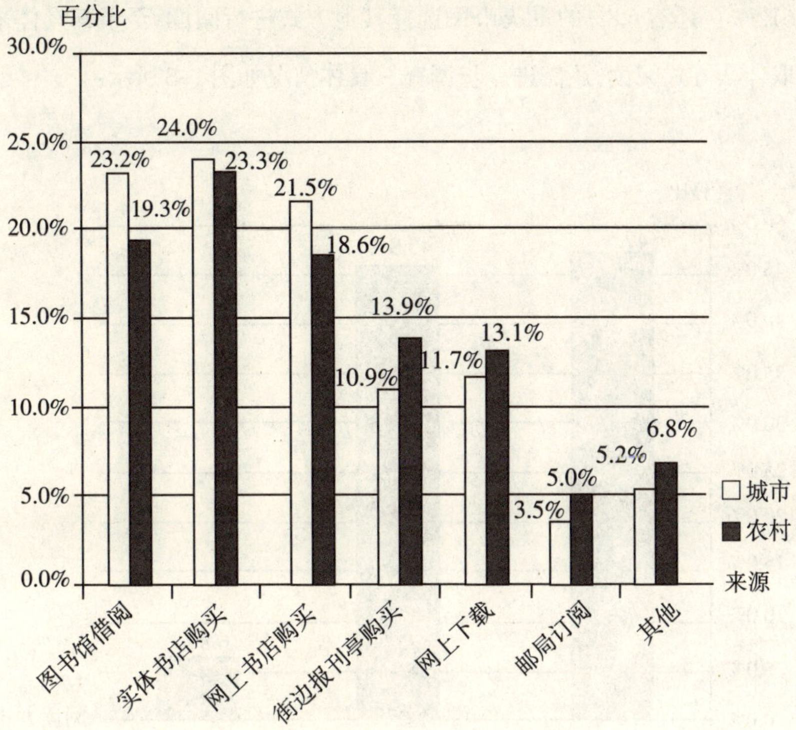

图 1–2　城乡居民阅读书刊的主要来源

1.2 重庆市民阅读方式的选择

由调查数据得知，2016 年重庆市民阅读方式中，纸质阅读最多。调查数据显示：重庆市民选择纸质阅读的占 47.3%；数字化阅读的占 45.9%。数字化阅读中，微信、微博等网络在线阅读占比较高，达

61.5%。还有6.8%的重庆市民选择其他方式进行阅读，至于其具体采取什么方式阅读，还需进一步调查。具体情况如图1-3所示：

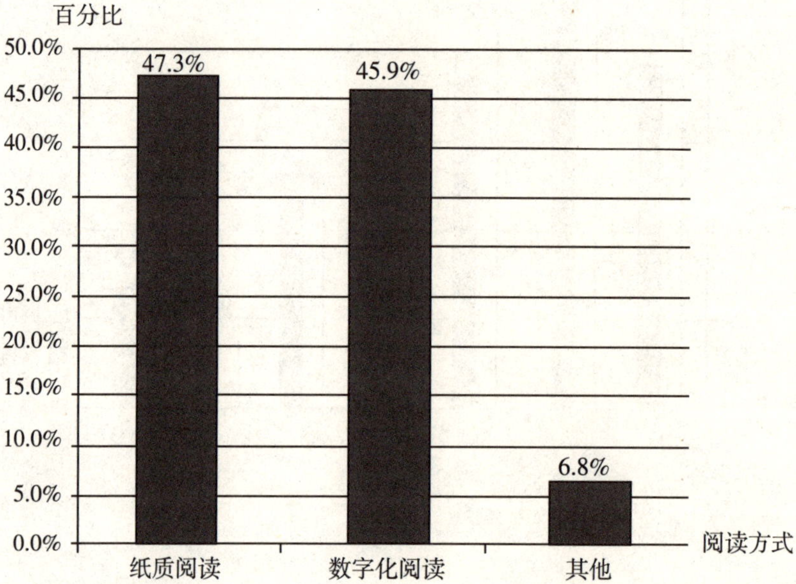

图1-3 重庆市民阅读方式的选择

1.3 重庆市民纸质读物阅读率

1.3.1 重庆市民纸质读物阅读率总况

在研究2016年重庆市民纸质读物阅读率总况时，我们认为：如果一个被访者过去一年每天纸质读物阅读时间是“10分钟以下”，就视为没有阅读。最终，我们得出2016年重庆市民纸质读物阅读率为73.4%。具体情况如图1-4所示：

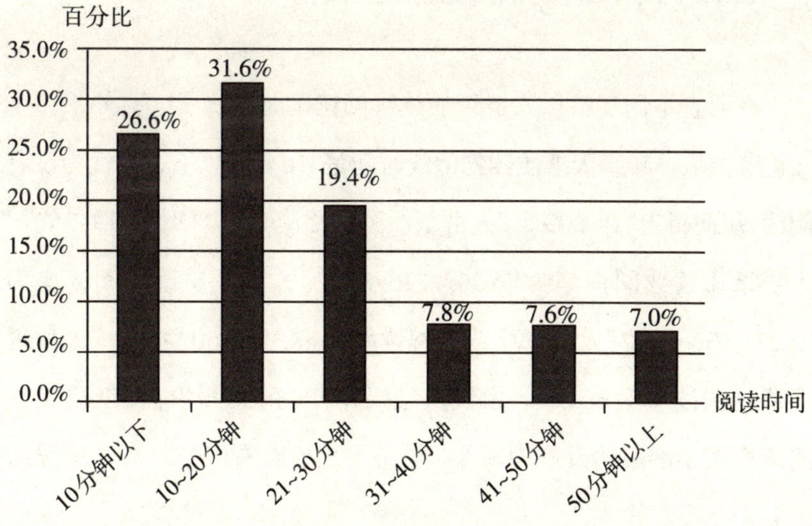

图1-4　重庆市民纸质读物阅读率总况

1.3.2 不同性别人群纸质读物阅读率

在调查不同性别人群纸质读物阅读率时，我们认为：如果一个被访者过去一年每天纸质读物阅读时间是“10分钟以下”，就视为没有阅读，从而得出男性纸质读物阅读率为73.1%，女性纸质读物阅读率为73.6%。由调查结果得知，男性与女性在纸质读物阅读率上不存在显著差异，二者仅相差0.5%。具体情况如表1-5所示：

表1-5　不同性别人群纸质读物阅读率

性别	10分钟以下	10~20分钟	21~30分钟	31~40分钟	41~50分钟	50分钟以上
男	26.9%	32.3%	20.0%	7.6%	7.1%	6.1%
女	26.4%	31.0%	18.9%	8.1%	8.0%	7.6%

1.3.3 不同年龄段人群纸质读物阅读率

在调查不同年龄段人群纸质读物阅读率时，我们认为：如果一个被访者过去一年每天纸质读物阅读时间是“10分钟以下”，就视为没有阅读，从而得出“19岁以下”人群纸质读物阅读率为77.9%，“19~25岁”人群纸质读物阅读率为76.2%，“26~35岁”人群纸质读物阅读率为73.2%，“36~50岁”人群纸质读物阅读率为63.3%，“50岁以上”人群纸质读物阅读率为68.2%。由调查结果得知，在50岁以前，纸质读物阅读率随年龄段的升高而减少，在50岁之后略有回升。具体情况如表1-6所示：

表 1-6　不同年龄段人群纸质读物阅读率

年龄段	10分钟以下	10~20分钟	21~30分钟	31~40分钟	41~50分钟	50分钟以上
19岁以下	22.1%	33.0%	20.1%	8.0%	8.4%	8.4%
19~25岁	23.8%	33.1%	20.5%	8.4%	7.3%	6.9%
26~35岁	26.8%	32.5%	19.5%	9.0%	7.4%	4.8%
36~50岁	36.7%	28.4%	17.5%	6.2%	6.4%	4.8%
50岁以上	31.8%	27.1%	17.3%	7.0%	7.8%	9.0%

1.3.4 不同职业人群纸质读物阅读率

从不同职业人群来看，这些人群之间的纸质读物阅读率差异显著。我们依然将一个被访者过去一年每天纸质读物阅读时间是“10分钟以下”的视为没有阅读，从而得出2016年纸质读物阅读率较高的两大人群是“机关事业单位人员”“技术人员”，其纸质读物阅读率分别为84.4%和79.5%；纸质读物阅读率较低的两大人群是“农民”“自由职业者”，其纸质读物阅读率分别是46.0%和62.2%。从整体来看，“机关事业单位人员”与“农民”之间的纸质读物阅读率差距最大，达38.4%，具体情况如表1-7所示：

表 1-7　不同职业人群纸质读物阅读率

职　业	10分钟以内	10~20分钟	21~30分钟	31~40分钟	41~50分钟	50分钟以上
学生	20.8%	33.8%	21.0%	8.4%	8.1%	7.9%
外来务工人员	34.6%	27.9%	14.7%	7.1%	7.5%	8.2%

续表

职 业	10分钟以内	10~20分钟	21~30分钟	31~40分钟	41~50分钟	50分钟以上
机关事业单位人员	15.6%	35.2%	25.0%	8.9%	9.7%	5.6%
农民	54.0%	20.9%	11.6%	4.6%	5.3%	3.6%
企业员工	29.7%	34.1%	18.0%	6.0%	6.5%	5.7%
技术人员	20.5%	30.7%	22.5%	11.3%	8.2%	6.8%
自由职业者	37.8%	29.6%	15.7%	5.1%	7.2%	4.6%
其他	28.2%	27.5%	17.9%	10.4%	6.3%	9.7%

1.3.5 不同受教育程度人群纸质读物阅读率

在调查不同受教育程度人群纸质读物阅读率时，我们认为：如果一个被访者过去一年每天纸质读物阅读时间是“10分钟以下”，就视为没有阅读，从而得出“高中及以下”人群纸质读物阅读率为68.3%，“大专”人群纸质读物阅读率为72.7%，“本科”人群纸质读物阅读率为83.9%，“硕士”人群纸质读物阅读率为86.9%，“博士”人群纸质读物阅读率为79.2%。由调查结果得知，“硕士”与“高中及以下”人群之间纸质读物阅读率差距最大，达18.6%。具体情况如表1-8所示：

表1-8 不同受教育程度人群纸质读物阅读率

受教育程度	10分钟以下	10~20分钟	21~30分钟	31~40分钟	41~50分钟	50分钟以上
高中及以下	31.7%	30.4%	17.4%	6.8%	6.6%	7.1%

续表

受教育程度	10分钟以下	10~20分钟	21~30分钟	31~40分钟	41~50分钟	50分钟以上
大专	27.3%	34.1%	17.7%	7.2%	8.1%	5.6%
木科	16.1%	33.7%	23.9%	9.7%	8.8%	7.8%
硕士	13.1%	26.6%	29.8%	12.8%	11.7%	6.0%
博士	20.8%	23.6%	17.9%	15.1%	15.1%	7.5%

1.3.6 城乡居民纸质读物阅读率

从城市与农村角度来看，城市人群纸质读物阅读率明显高于农村人群纸质读物阅读率。如果一个被访者过去一年每天纸质读物阅读时间是“10分钟以下”，我们将其视为没有阅读，从而得出城市人群纸质读物阅读率为77.0%，农村人群纸质读物阅读率为66.0%，相差11.0%。具体情况如表1–9所示：

表1–9 城乡居民纸质读物阅读率

区域	10分钟以下	10~20分钟	21~30分钟	31~40分钟	41~50分钟	50分钟以上
城市	23.0%	30.6%	20.1%	8.9%	9.3%	8.1%
农村	34.0%	33.5%	18.1%	5.8%	4.1%	4.5%

1.4 重庆市民人均去图书馆、乡村书屋的次数

1.4.1 重庆市民人均去图书馆、乡村书屋次数总况

在调查2016年重庆市民人均去图书馆、乡村书屋的次数时，我们将选项“①0次”算作0次；“②1~2次”算作1.5次；“③3~5次”算作4次；“④6~9次”算作7.5次；“⑤10次以上”算作12次，从而得出2016年重庆市民人均去图书馆、乡村书屋5.6次。具体情况如表1-10所示：

表1-10　重庆市民人均去图书馆、乡村书屋次数总况

N	有效	8165
	缺失	688
均值		5.6

1.4.2 不同性别人群人均去图书馆、乡村书屋的次数

从不同性别人群来看，女性比男性人均去图书馆、乡村书屋的次

数要多，但是二者之间的差别不大。我们将选项“①0次”算作0次；“②1~2次”算作1.5次；“③3~5次”算作4次；“④6~9次”算作7.5次；“⑤10次以上”算作12次，得出2016年男性人均去图书馆、乡村书屋5.4次，女性人均去图书馆、乡村书屋5.7次,女性人均去图书馆、乡村书屋比男性多0.3次。具体情况如图1–5所示：

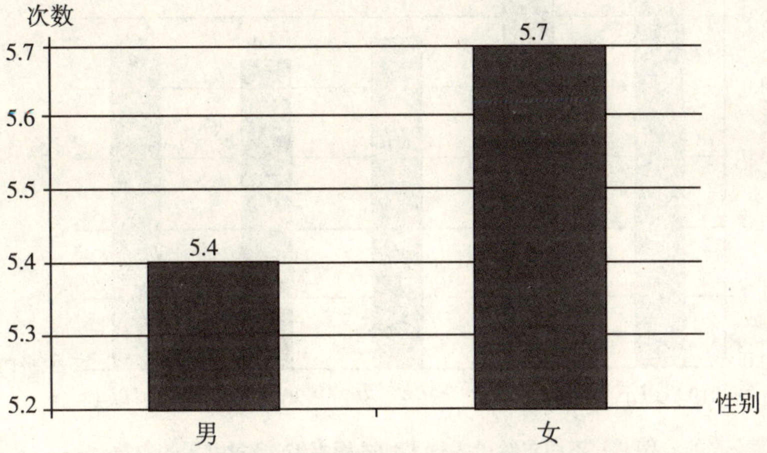

图1–5　不同性别人群人均去图书馆、乡村书屋的次数

1.4.3 不同年龄段人群人均去图书馆、乡村书屋的次数

调查数据显示，50岁以前人群人均去图书馆、乡村书屋的次数，随着年龄段的增长而下降，但在50岁以后略有上涨。我们将选项“①0次”算作0次；“②1~2次”算作1.5次；“③3~5次”算作4次；“④6~9次”算作7.5次；“⑤10次以上”算作12次，得出2016年不同年龄段人群人均去图书馆、乡村书屋的次数。“19岁以下”人群与“36~50岁”人群，人均去图书馆、乡村书屋的次数差距最大，达2.4次；其他各年龄段人群，

人均去图书馆、乡村书屋的次数差距都在2.2次以内。具体情况如图1-6所示：

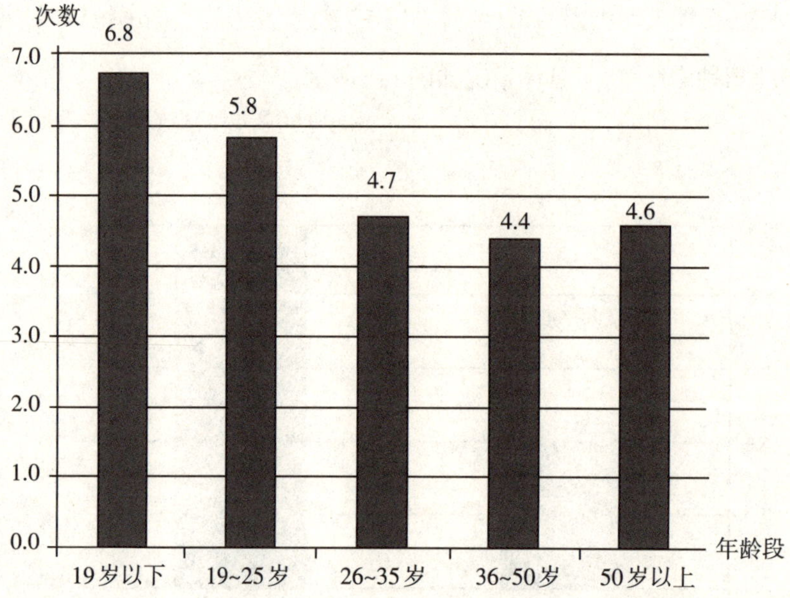

图1-6 不同年龄段人群人均去图书馆、乡村书屋的次数

1.4.4 不同职业人群人均去图书馆、乡村书屋的次数

调查数据显示，“外来务工人员”（3.9次）与“农民”（2.6次）在所有职业人群中，人均去图书馆、乡村书屋的次数较低；“学生”（6.8次）、“技术人员”（6.1次）在所有职业人群中，人均去图书馆、乡村书屋的次数较高。我们将选项“①0次”算作0次；“②1~2次”算作1.5次；“③3~5次”算作4次；“④6~9次”算作7.5次；“⑤10次以上”算作12次，得出2016年不同职业人群人均去图书馆、乡村书屋的次数。“学生”与“农民”之间，人均去图书馆、乡村书屋的次数差距最

大，相差4.2次，至于是什么原因导致二者之间的差距最大，需进一步研究；“学生”去图书馆、乡村书屋的次数，在所有职业人群中较高（6.8次），这也许跟其学习需要相关。具体情况如图1-7所示：

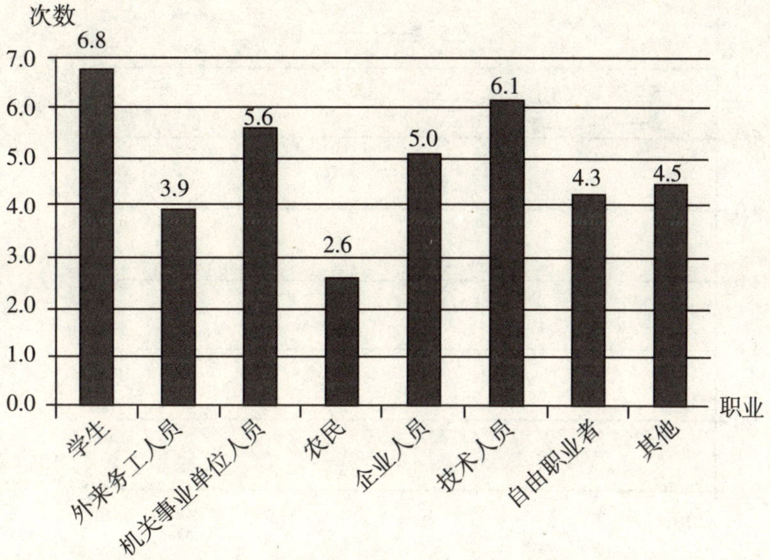

图1-7 不同职业人群人均去图书馆、乡村书屋的次数

1.4.5不同受教育程度人群人均去图书馆、乡村书屋的次数

从整体来看，人均去图书馆、乡村书屋的次数，随受教育程度的提高而增加，但在“大专”这个阶段略有下降。我们将选项“①0次”算作0次；“②1~2次”算作1.5次；“③3~5次”算作4次；“④6~9次”算作7.5次；“⑤10次以上”算作12次，得出2016年不同受教育程度人群人均去图书馆、乡村书屋的次数。在两个相邻受教育程度人群中，“大专”与“本科”，人均去图书馆、乡村书屋的次数相差最大，达1.3次；其他两个

相邻受教育群体，去图书馆、乡村书屋的次数相差都在0.5次以内。具体情况如图1-8所示：

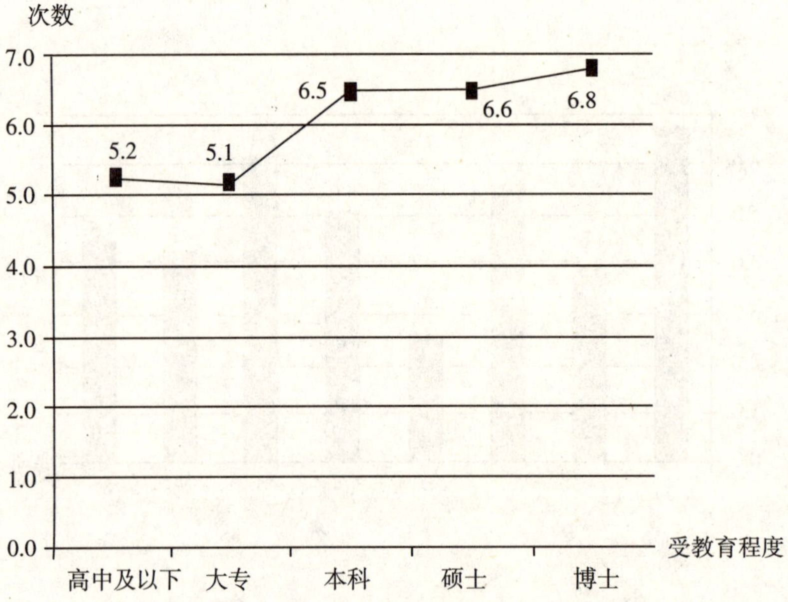

图1-8 不同受教育程度人群人均去图书馆、乡村书屋的次数

1.4.6城乡居民人均去图书馆、乡村书屋的次数

根据调查数据得知，城市居民人均去图书馆、乡村书屋的次数明显高于农村居民人均去图书馆、乡村书屋的次数。我们将选项"①0次"算作0次；"②1~2次"算作1.5次；"③3~5次"算作4次；"④6~9次"算作7.5次；"⑤10次以上"算作12次，得出2016年城乡居民人均去图书馆、乡村书屋的次数。城市居民人均去图书馆、乡村书屋6.3次，农村居民人均去图书馆、乡村书屋4.1次，城市居民人均去图书馆、乡村书屋的次数，比农村居民高2.2次，这跟城市与农村发展不平衡相关，

但具体是什么原因导致城市与农村这样的差距，需要我们进一步调查研究。具体情况如图1-9所示：

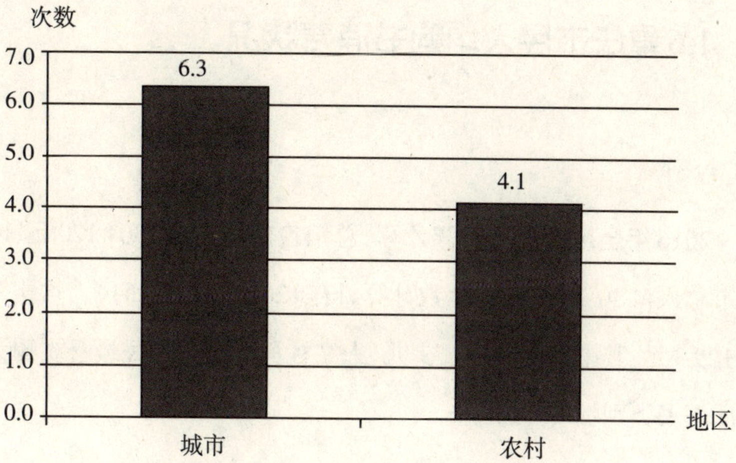

图1-9　城乡居民人均去图书馆、乡村书屋的次数

1.5 重庆市民人均图书购买量

2016年重庆市民在新华书店与阅淘网的总购书量为15 646 364本，以重庆市总人口数30 165 500为基数计算，得知2016年重庆市民平均每人在新华书店与阅淘网的图书购书量约为0.5本，即平均每1.9人购买一本(册)图书。

1.6 重庆市民人均购书消费状况

2016年全市书店按码洋计算，总销售额为3 901 304 120元，以重庆市总人口30 165 500为基数计算，得知2016年重庆市民人均购书消费129.3元，其中教育、文艺、少儿、人文社科是重庆市民最喜欢购买的纸质图书类别。

1.7 重庆市民人均图书阅读量

1.7.1 重庆市民人均图书阅读量总况

为了调查2016年重庆市民人均图书阅读量总况，我们将选项“①0~1本”算作0.5本；“②2~3本”算作2.5本；“③4~6本”算作5本；“④7~9本”算作8本；“⑤10本以上”算作11本，从而得出2016年重庆市民人均图书阅读本数为5.7本(册)，具体情况如表1-11所示：

表1-11 重庆市民人均图书阅读量总况

N	有效	8163
	缺失	690
均值		5.7

1.7.2 不同性别人群人均图书阅读量

为调查不同性别人群人均图书阅读量，我们将选项"①0-1本"算作0.5本；"②2~3本"算作2.5本；"③4~6本"算作5本；"④7~9本"算作8本；"⑤10本以上"算作11本，从而得出男性人均图书阅读量为5.5本，女性人均图书阅读量为5.8本，由调查结果得知，女性人均图书阅读量高于男性人均图书阅读量，但差别不大，仅相差0.3本。具体情况如图1-10所示：

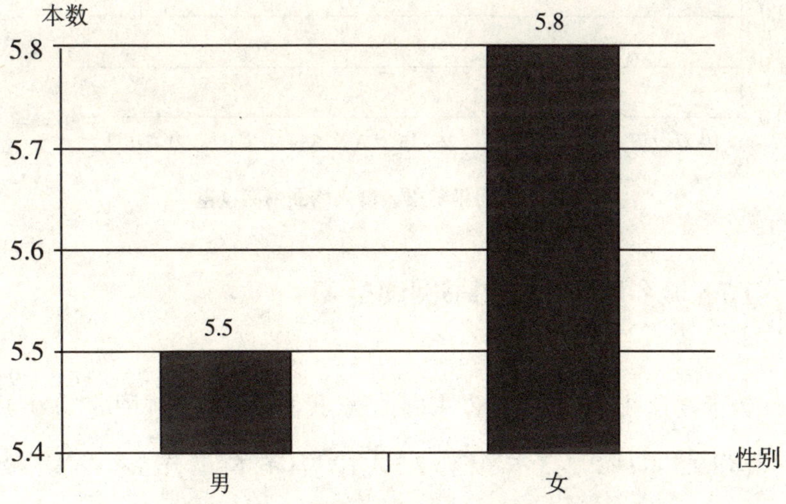

图1-10 不同性别人群人均图书阅读量

1.7.3 不同年龄段人群人均图书阅读量

我们将选项"①0~1本"算作0.5本;"②2~3本"算作2.5本;"③4~6本"算作5本;"④7~9本"算作8本;"⑤10本以上"算作11本,并与各年龄段进行交叉分析,从而得出各年龄段人群的人均图书阅读量。从整体来看,重庆市人均阅读量随着年龄段的增长呈下降趋势,这种趋势以"36~50岁"这个年龄段为分界点,在这个年龄段之前,降幅较大,在这个分界点之后略有回升,具体情况如图1-11所示:

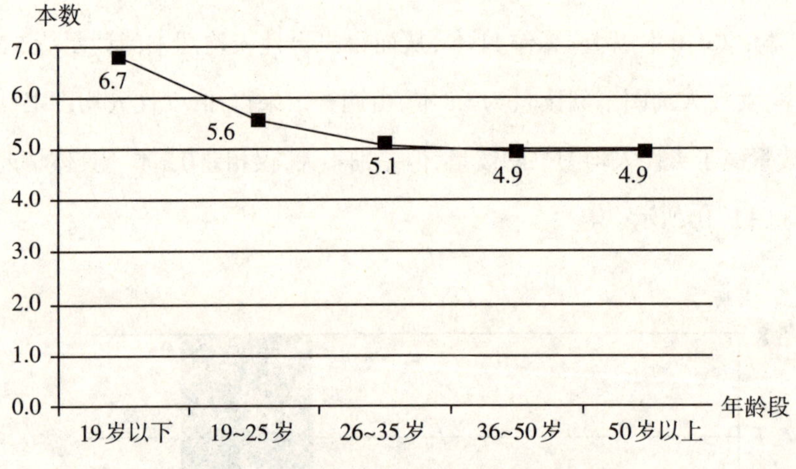

图1-11 不同年龄段人群人均图书阅读量

1.7.4 城乡居民人均图书阅读量

为了调查城乡居民人均图书阅读量,我们依然将选项中的"①0~1本"算作0.5本;"②2~3本"算作2.5本;"③4~6本"算作5本;"④7~9本"算作8本;"⑤10本以上"算作11本,并在城市和农村之间进行交叉分析，从而得出城乡之间的人均图书阅读量。调查结果显示，农村的人均阅读量低于城市，农村人均阅读量比城市人均阅读量少1.3本。在城乡一体化全面发展的今天，应该尽快消除这种状况，加大提升农村居民阅读兴趣的培养力度。具体情况如图1-12所示：

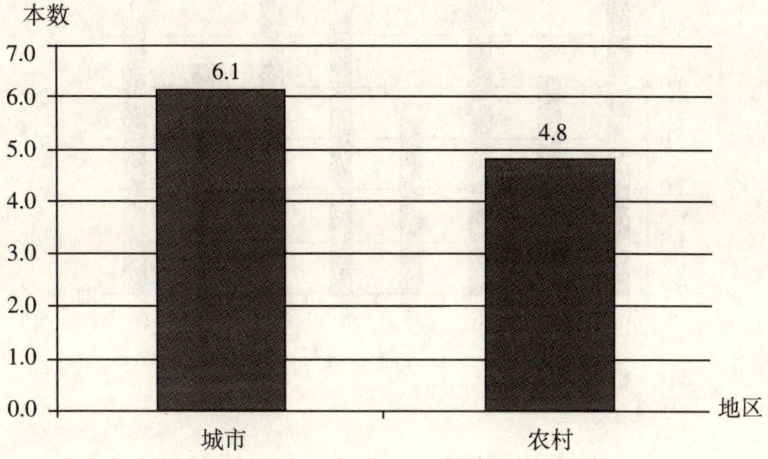

图1-12　城乡居民人均图书阅读量

1.7.5 不同职业人群人均图书阅读量

为了分析不同职业人群人均图书阅读量，我们将选项“①0~1本”算作0.5本；“②2~3本”算作2.5本；“③4~6本”算作5本；“④7~9本”算作8本；“⑤10本以上”算作11本，并与不同职业人群进行交叉分析，从而得出不同职业人群的人均图书阅读量。分析结果显示，人均图书阅读量较高的两大群体是“学生”和“技术人员”，其人均图书阅读量分别是6.6本和6.3本；人均图书阅读量较低的两大群体是“农民”和“外来务工人员”，其人均图书阅读量分别是3.4本和4.3本。从整体来考察，“学生”与“农民”之间的人均图书阅读量差距最大，达3.2本。具体情况如图1-13所示：

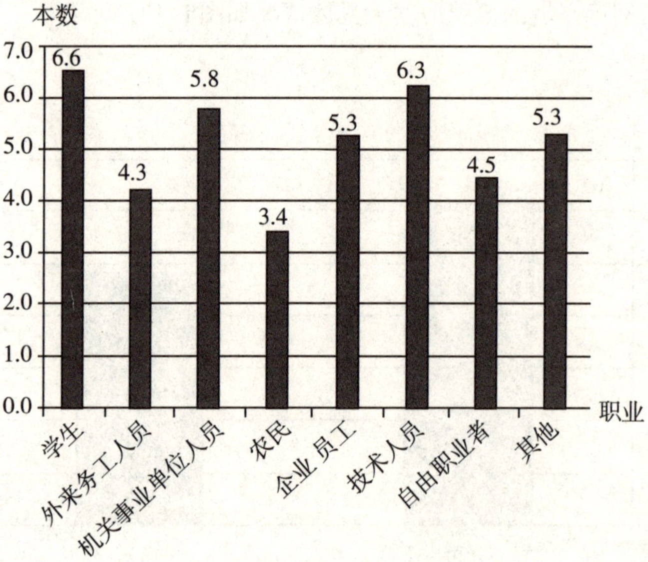

图1-13　不同职业人群人均图书阅读量

1.7.6不同受教育程度人群人均图书阅读量

我们将选项“①0~1本”算作0.5本；“②2~3本”算作2.5本；“③4~6本”算作5本；“④7~9本”算作8本；“⑤10本以上”算作11本，并与不同受教育程度人群进行交叉分析，从而得出不同受教育程度人群的人均图书阅读量。调查数据显示，受教育程度高于“大专”水平的，随着教育程度的提高其人均图书阅读量逐渐增加，但是“高中及以下”人群的人均图书阅读量却高于“大专”。具体情况如图1-14所示：

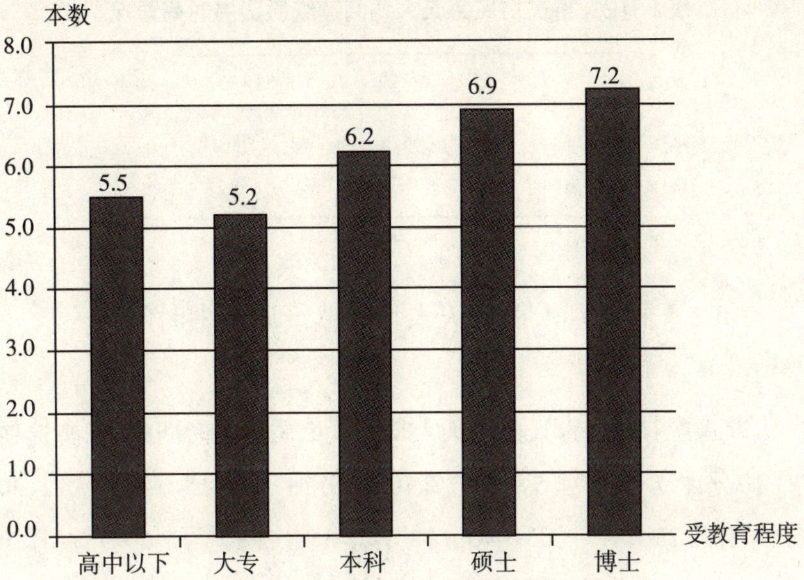

图 1-14　不同受教育程度人群人均图书阅读量

1.8 重庆市民每天人均阅读纸质图书时间

1.8.1 重庆市民每天人均阅读纸质图书时间总况

为调查2016年重庆市民每天人均阅读纸质图书时间总况，我们将选项“①10分钟以下”算作5分钟；“②10~20分钟”算作15分钟；“③21~30分钟”算作25分钟；“④31~40分钟”算作35分钟；“⑤41~50分钟”算作45分钟；“⑥50分钟以上”算作55分钟，从而得出2016年重庆市民每天人均阅读纸质图书20.9分钟。具体情况如表1-12所示：

表1-12　重庆市民每天人均阅读纸质图书时间总况

N	有效	8147
	缺失	706
均值		20.9

1.8.2不同性别人群每天人均阅读纸质图书时间

为调查不同性别人群每天人均阅读纸质图书时间，我们将选项“①10分钟以下”算作5分钟；“②10~20分钟”算作15分钟；“③21~30分钟”算作25分钟；“④31~40分钟”算作35分钟；“⑤41~50分钟”算作45分钟；“⑥50分钟以上”算作55分钟，从而得出2016年不同性别人群每天人均阅读纸质图书的时间。由调查结果得知，女性每天人均阅读纸质图书时间，比男性多1.0分钟。具体情况如图1-15所示：

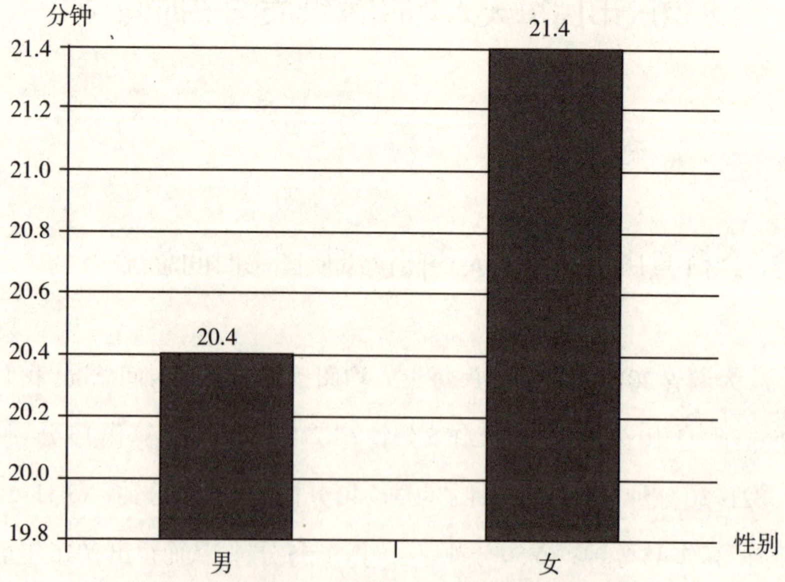

图1-15　不同性别人群每天人均阅读纸质图书时间

1.8.3 不同年龄段人群每天人均阅读纸质图书时间

为调查不同年龄段人群每天人均阅读纸质图书的时间，我们将选项"①10分钟以下"算作5分钟；"②10~20分钟"算作15分钟；"③21~30分钟"算作25分钟；"④31~40分钟"算作35分钟；"⑤41~50分钟"算作45分钟；"⑥50分钟以上"算作55分钟，从而得出2016年不同年龄段人群每天人均阅读纸质图书的时间。由调查结果得知，"36~50岁"以前，每天人均阅读纸质图书的时间，随着年龄段的增加而减少，在其之后，每天人均阅读纸质图书的时间，随着年龄段的增加而增加。

调查结果还显示，每相邻两年龄段人群之间，每天人均阅读纸质图书的时间，"36~50岁"与"50岁以上"差别最大，达2.8分钟，这表明，相邻两年龄段人群之间波动幅度不大；整体来看"36~50岁"与"19岁以下"人群之间，每天人均阅读纸质图书的时间，差距最大，达4.1分钟。具体情况如图1-16所示：

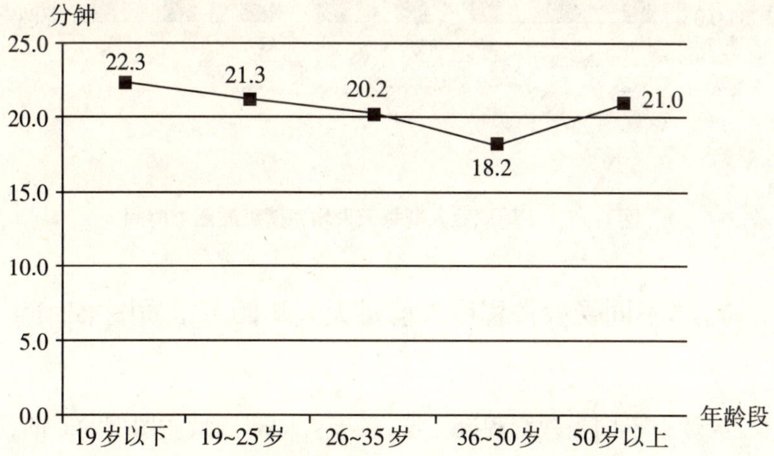

图1-16 不同年龄段人群每天人均阅读纸质图书时间

1.8.4不同职业人群每天人均阅读纸质图书时间

为了调查不同职业人群，每天人均阅读纸质图书的时间，我们将选项“①10分钟以下”算作5分钟；“②10~20分钟”算作15分钟；“③21~30分钟”算作25分钟；“④31~40分钟”算作35分钟；“⑤41~50分钟”算作45分钟；“⑥50分钟以上”算作55分钟，并与职业进行交叉分析，从而得出不同职业人群每天人均阅读纸质图书的时间。从整体上看，每天人均阅读纸质图书时间，差距最大的是“机关事业单位人员”与“农民”，其差距达8.2分钟。具体情况如图1–17所示：

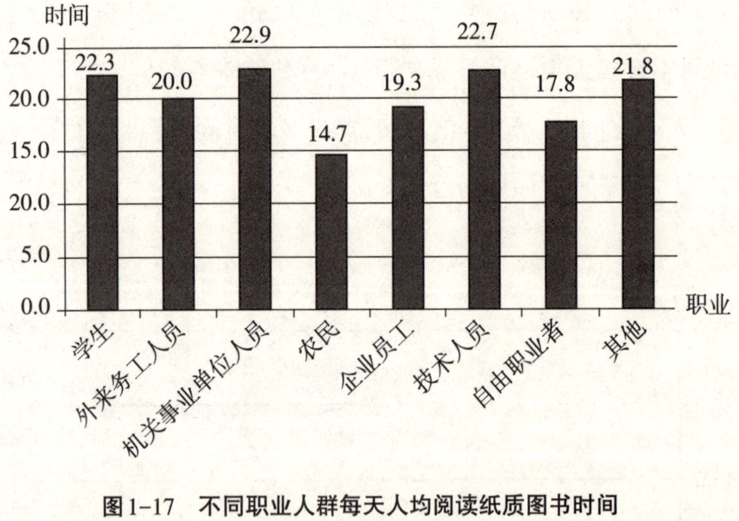

图1–17　不同职业人群每天人均阅读纸质图书时间

1.8.5不同受教育程度人群每天人均阅读纸质图书时间

为调查不同受教育程度人群，每天人均阅读纸质图书的时间，我们将选项“①10分钟以下”算作5分钟；“②10~20分钟”算作15分钟；

“③21~30分钟”算作25分钟；“④31~40分钟”算作35分钟；“⑤41~50分钟”算作45分钟；“⑥50分钟以上”算作55分钟，并与不同受教育程度人群进行交叉分析，从而得出不同受教育程度人群，每天人均阅读纸质图书的时间。从整体来看，随着教育程度的提升，不同受教育程度人群每天人均阅读纸质图书的时间呈上升趋势。具体情况如图1-18所示：

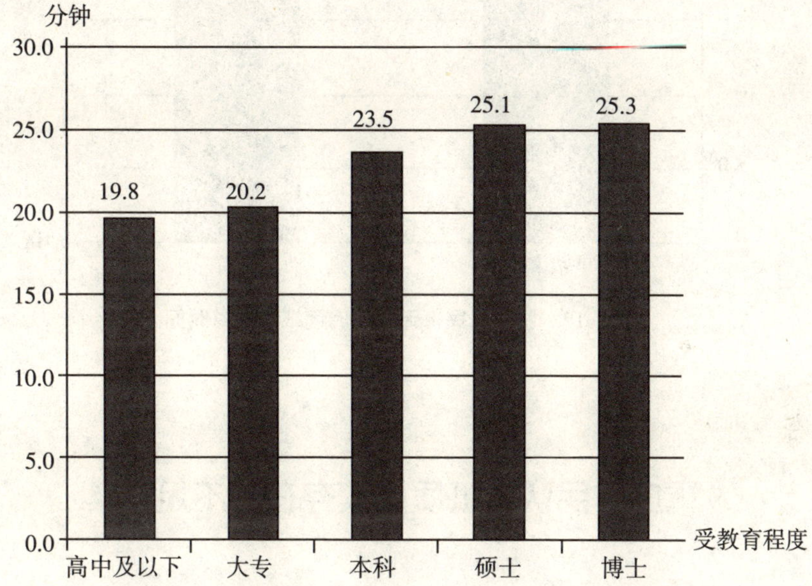

图1-18　不同受教育程度人群每天人均阅读纸质图书时间

1.8.6城乡居民每天人均阅读纸质图书时间

从城乡对比来看，城市居民每天人均阅读纸质图书时间明显高于农村居民，达4.9分钟。我们将选项“①10分钟以下”算作5分钟；“②10~20分钟”算作15分钟；“③21~30分钟”算作25分钟；“④31~40分钟”算作35分钟;“⑤41~50分钟”算作45分钟;“⑥50分钟以上”算作55分钟,从而得出2016年城乡居民每天人均阅读纸质图书的时间。具体情况如图1-19所示:

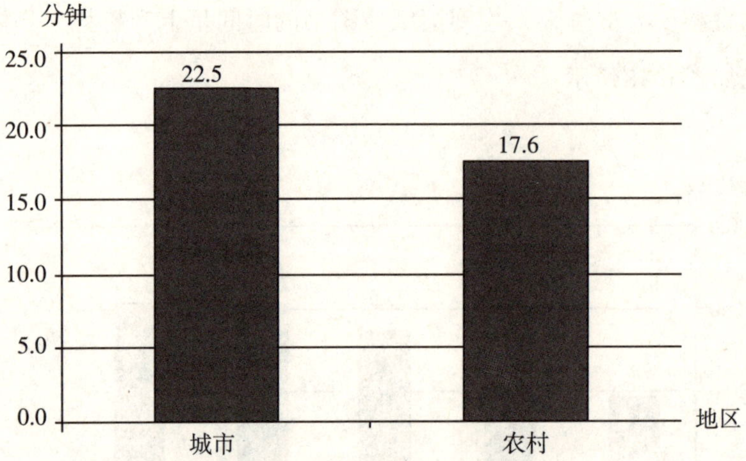

图1-19　城乡居民每天人均阅读纸质图书时间

1.9 重庆市民认为纸质阅读存在的不足

1.9.1 重庆市民认为纸质阅读存在不足总况

如图1-20所示,针对纸质阅读的不足,读者认为纸质阅读最大的不足是“携带不方便”,其所占比例达到31.7%;其次是“成本高”和“购买不方便”，二者所占比例均在20.0%左右，这与排名第一的“携带不方便”差异比较明显；其他的不足依次是“种类少更新速度慢”“浪费资源”，所占比例在10.0%以上，此二者差距不明显；“其他”的不足所占比重较少，仅为4.5%。可见，随着网络和多媒体技术的发展，读者对阅读介质、阅读成本以及阅读获得的要求都发生了较大变化，而传统纸质阅读在现代社会视域中存在的不足也在逐渐暴露。

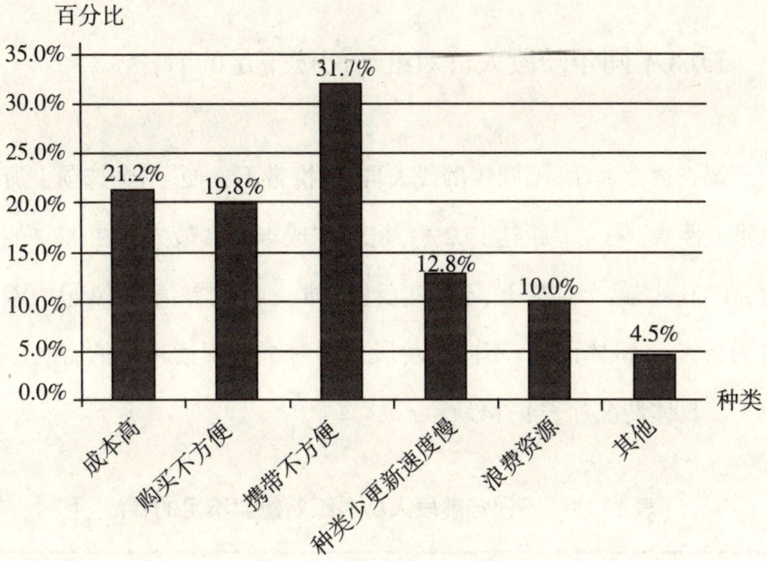

图1-20 重庆市民认为纸质阅读存在不足总况

1.9.2 不同性别人群对纸质阅读不足的看法

调查数据显示，不同性别人群对纸质阅读不足的看法，主要集中在“成本高”“购买不方便”“携带不方便”，在这三个方面，男性占比72.6%，女性占比达73.0%；不同性别人群对纸质阅读不足的看法，差别都不大，差距在2.0%以内；从整体来看，不同性别人群都认为纸质阅读最大的不足是“携带不方便”。具体情况如表1-13所示：

表1-13 不同性别人群对纸质阅读不足的看法

性别	成本高	购买不方便	携带不方便	种类少更新速度慢	浪费资源	其他
男	22.0%	21.1%	29.5%	13.0%	10.3%	4.1%
女	22.0%	20.3%	30.7%	12.9%	9.6%	4.5%

1.9.3不同年龄段人群对纸质阅读不足的看法

调查数据显示，不同年龄段人群在“携带不方便”这个选项上所占比重差距大，最大差距达13.2%；其次是“成本高”，最大存在9.8%的差值；在“其他”这个选择上，不同年龄段人群之间的差值最小，最大差值仅为2.6%。整体而言，不同年龄段人群对纸质阅读不足的看法差距不大。具体情况如表1-14所示：

表1-14 不同年龄段人群对纸质阅读不足的看法

年龄段	成本高	购买不方便	携带不方便	种类少更新速度慢	浪费资源	其他
19岁以下	18.2%	20.0%	28.3%	16.5%	11.5%	5.5%
19~25岁	23.0%	20.3%	32.6%	11.4%	9.0%	3.7%
26~35岁	20.8%	20.6%	34.5%	11.7%	9.5%	2.9%
36~50岁	24.9%	19.2%	32.4%	11.6%	8.1%	3.8%
50岁以上	28.0%	24.9%	21.3%	10.3%	10.1%	5.4%

1.9.4 不同职业人群对纸质阅读不足的看法

调查数据显示，不同职业人群对纸质阅读不足的看法呈一致态势，即“携带不方便”“成本高”“购买不方便”均为纸质阅读不足的主要缺点。在纸质阅读各不足中，各职业人群所占比例接近，次要不足也基本雷同。另外，除“农民”和“其他”人群外，其他所有职业人群都认为“携带不方便”是纸质阅读的最大不足，在“携带不方便”一项中，所占比例较高的“企业员工”和较低的“农民”相差13.7%，差异比较明显。具体情况如表1-15所示：

表1-15　不同职业人群对纸质阅读不足的看法

职 业	成本高	购买不方便	携带不方便	种类少更新速度慢	浪费资源	其他
学生	20.7%	19.4%	29.1%	15.3%	10.4%	5.1%
外来务工人员	21.4%	27.5%	31.4%	7.8%	8.3%	3.6%
机关事业单位人员	21.9%	22.4%	31.7%	11.9%	10.0%	2.1%
农民	26.5%	22.4%	24.0%	9.4%	12.0%	5.7%
企业员工	21.0%	19.0%	37.7%	12.7%	8.5%	1.1%
技术人员	24.1%	16.7%	35.0%	13.1%	7.7%	3.4%
自由职业者	21.1%	23.2%	32.2%	10.3%	8.6%	4.6%
其他	26.5%	20.1%	25.3%	11.9%	10.8%	5.4%

1.9.5 不同受教育程度人群对纸质阅读不足的看法

调查数据显示,在认为纸质阅读"成本高"的人群中,"硕士"与"博士"之间的差距最大,达7.4%;在认为纸质阅读"购买不方便"的人群中,"博士"与"本科"之间的差距最大,达9.7%;在认为纸质阅读"携带不方便"的人群中,"本科"与"高中及以下"人群之间的差距最大,达9.2%;在认为纸质阅读"种类少更新速度慢"的人群中,"高中及以下"与"硕士"之间的差距最大,达4.3%;在认为纸质阅读"浪费资源"的人群中,"高中及以下"与"博士"之间的差距最大,达7.3%;在对纸质阅读"其他"不足的看法上,"高中及以下"与"硕士"之间的差距最大,达4.1%。具体情况如表1-16所示:

表1-16　不同受教育程度人群对纸质阅读不足的看法

受教育程度	成本高	购买不方便	携带不方便	种类少更新速度慢	浪费资源	其他
高中及以下	22.0%	20.8%	26.7%	14.1%	10.9%	5.5%
大专	22.2%	21.6%	33.0%	12.5%	8.7%	2.0%
本科	22.0%	18.9%	35.9%	11.1%	8.7%	3.4%
硕士	23.1%	22.4%	33.7%	9.8%	9.6%	1.4%
博士	15.7%	28.6%	35.0%	12.1%	3.6%	5.0%

1.9.6 城乡居民对纸质阅读不足的看法

调查数据显示,城市与农村居民,对纸质阅读不足的看法差距不大。在"携带不方便"这个选项中,城市所占份额比农村高,相差

4.1%；值得注意的是，在“成本高”“购买不方便”这两个选项上，农村所占份额比城市高，分别高“2.2%和2.3%”；最小的差值出现在“浪费资源”这个选项上面，仅仅为0.2%；另外两个选项上的差值也控制在1.0%以内（“其他”选项上相差0.8%、“种类少更新速度慢”上相差0.6%）。具体情况如图1-21所示：

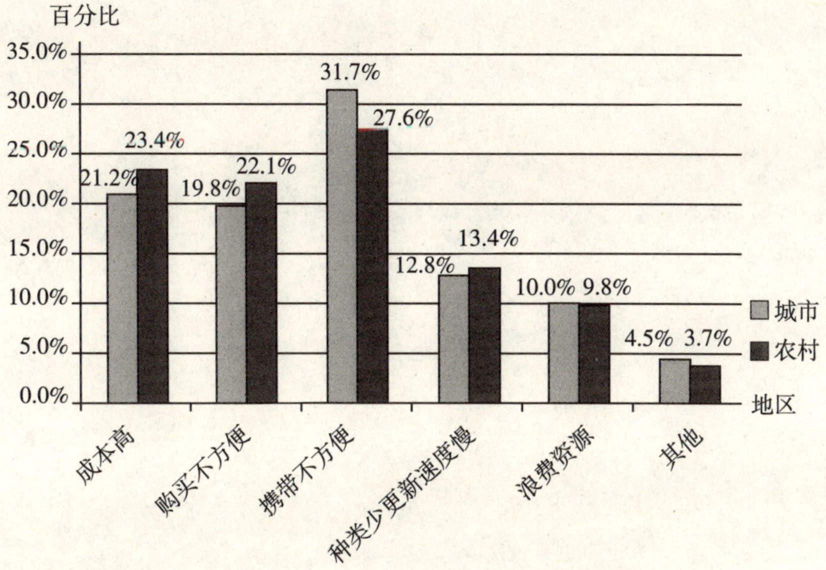

图1-21　城乡居民对纸质阅读不足的看法

第二章
重庆市民数字化读物阅读状况

2.1 重庆市民数字化读物阅读率

2.1.1 重庆市民数字化读物阅读率总况

为了研究2016年重庆市民数字化读物阅读率总况，我们认为：如果一个被访者过去一年每天数字化读物阅读时间是“10分钟以下”，我们将其视为没有阅读，从而得出2016年重庆市民数字化读物的阅读率为71.9%。具体情况如图2-1所示：

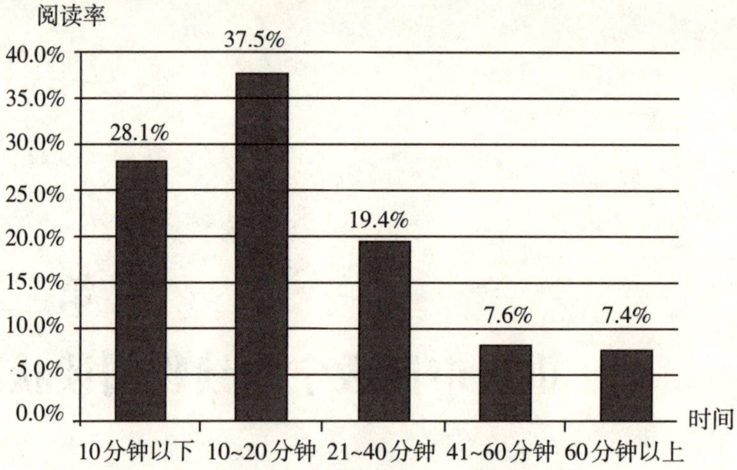

图2-1　重庆市民数字化读物阅读率总况

2.1.2 不同性别人群数字化读物阅读率

从不同性别的人群来看,男性与女性数字化读物阅读率差别不大。为了研究男性与女性数字化读物阅读率,我们认为:如果一个被访者过去一年每天数字化读物阅读时间是“10分钟以下”,我们将其视为没有阅读,从而得出男性数字化读物阅读率为71.2%,女性数字化读物阅读率为72.5%,两者差距仅为1.3%。具体情况如图2-2所示:

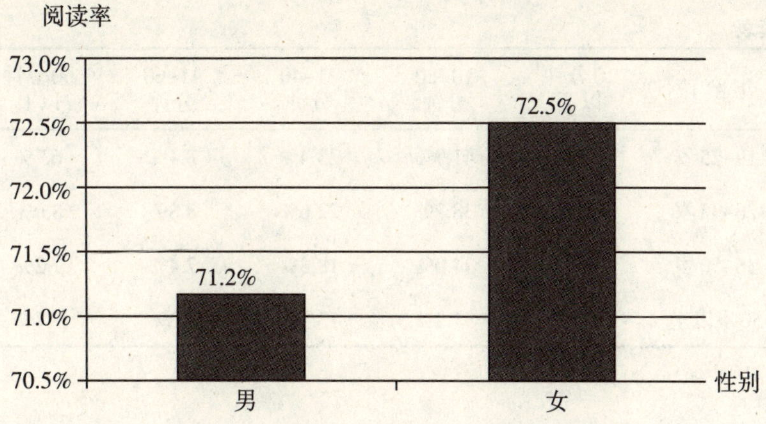

图2-2　不同性别人群数字化读物阅读率

2.1.3 不同年龄段人群数字化读物阅读率

为了研究2016年不同年龄段人群数字化读物阅读率，我们认为：如果一个被访者过去一年每天数字化读物阅读时间是“10分钟以下”，我们将其视为没有阅读，从而得出“19岁以下”“19~25岁”“26~35岁”“36~50岁”“50岁以上”人群，数字化读物阅读率分别为68.8%，80.4%，77.6%，66.9%，61.7%。

同时，在“19~25岁”与“50岁以上”之间，数字化读物阅读率差距最大，达18.7%；从整体来看，“19~25岁”以前，数字化读物阅读率，随着年龄段的增加而增加，在其之后，数字化读物阅读率，随着年龄段的增加而减少。具体情况如表2-1所示：

表2-1　不同年龄段人群数字化读物阅读率

年龄段	10分钟以下	10~20分钟	21~40分钟	41~60分钟	60分钟以上
19岁以下	31.2%	37.8%	17.5%	6.7%	6.8%

续表

年龄段	10分钟以下	10~20分钟	21~40分钟	41~60分钟	60分钟以上
19~25岁	19.6%	41.9%	23.4%	8.4%	6.7%
26~35岁	22.4%	38.2%	22.6%	8.8%	8.0%
36~50岁	33.1%	34.0%	18.3%	7.4%	7.2%
50岁以上	38.3%	31.2%	13.5%	7.3%	9.7%

2.1.4不同职业人群数字化读物阅读率

为了研究不同职业人群的数字化读物阅读率,我们认为:如果一个被访者过去一年每天数字化读物阅读时间是“10分钟以下”,我们将其视为没有阅读,从而得出不同职业人群数字化读物阅读率。由调查数据得知,不同职业人群中,数字化读物阅读率较高的两大人群是“机关事业单位人员”与“技术人员”,其数字化读物阅读率分别是86.0%和80.5%;数字化读物阅读率较低的两大人群是“农民”与“其他”,其数字化读物阅读率分别是51.9%和60.3%;从整体来考察,“机关事业单位人员”与“农民”数字化读物阅读率差距最大,达34.1%。具体情况如表2-2所示:

表2-2　不同职业人群数字化读物阅读率

职业	10分钟以下	10~20分钟	21~40分钟	41~60分钟	60分钟以上
学生	28.0%	38.8%	19.4%	7.4%	6.4%
外来务工人员	22.6%	33.5%	24.1%	9.6%	10.2%

续表

职 业	10分钟以下	10~20分钟	21~40分钟	41~60分钟	60分钟以上
机关事业单位人员	14.0%	40.1%	24.3%	10.4%	11.2%
农民	48.1%	28.9%	10.6%	7.1%	5.3%
企业员工	20.1%	46.4%	17.6%	7.2%	8.7%
技术人员	19.5%	42.8%	21.3%	8.2%	8.2%
自由职业者	33.0%	34.8%	19.9%	6.1%	6.2%
其他	39.7%	28.6%	16.7%	6.9%	8.1%

2.1.5 不同受教育程度人群数字化读物阅读率

为了研究2016年不同受教育程度人群数字化读物阅读率，我们认为：如果一个被访者过去一年每天数字化读物阅读时间是“10分钟以下”，我们将其视为没有阅读，从而得出“高中及以下”“大专”“本科”“硕士”“博士”人群，数字化读物阅读率分别为64.7%、76.7%、83.4%、86.1%、73.6%。

调查数据显示，“硕士”数字化读物阅读率较高，达86.1%，受教育程度在其之下的人群，随着教育程度的提高，其数字化读物阅读率也提高；在其之上，随着教育程度的提高，数字化读物阅读率反而降低。在“硕士”与“高中及以下”人群之间，数字化读物阅读率的差距是最大的，达21.4%。具体情况如表2-3所示：

表2-3　不同受教育程度人群数字化读物阅读率

受教育程度	10分钟以下	10~20分钟	21~40分钟	41~60分钟	60分钟以上
高中及以下	35.3%	35.4%	15.9%	6.6%	6.8%
大专	23.3%	41.6%	20.3%	7.3%	7.5%
本科	16.6%	40.9%	25.3%	9.0%	8.2%
硕士	13.9%	33.8%	29.5%	14.2%	8.6%
博士	26.4%	24.5%	24.5%	9.4%	15.2%

2.1.6城乡居民数字化读物阅读率

为了研究2016年城乡居民数字化读物阅读率，我们认为：如果一个被访者过去一年每天数字化读物阅读时间是“10分钟以下”，我们将其视为没有阅读，从而得出2016年城乡居民数字化读物阅读率，“城市”“农村”数字化读物阅读率分别为74.0%、67.9%。具体情况如图2-3所示：

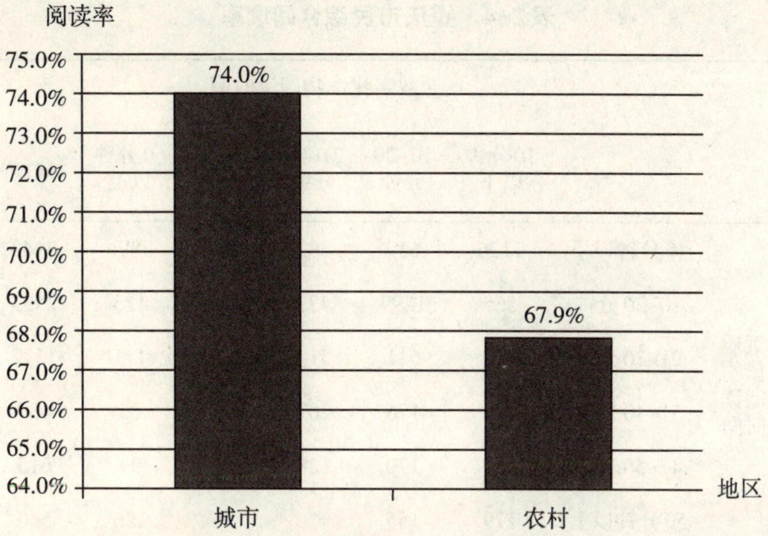

图2-3　城乡居民数字化读物阅读率

2.2 重庆市民综合阅读率

为了分析2016年重庆市民综合阅读率，将数字化读物阅读时间与纸质读物阅读时间进行交叉分析，得出在纸质读物阅读时间“10分钟以下”与数字化读物阅读时间“10分钟以下”的共同个案数为1 136，而其整体个案数为8 080，从而得出2016年重庆市民进行数字化阅读和纸质阅读个案数总和为6 944，重庆市民进行数字化阅读和纸质阅读个案数与总体个案数之比即为2016年重庆市民的综合阅读率85.9%。具体情况如表2-4所示：

表2-4 重庆市民综合阅读率

		数字化读物阅读时间					
		10分钟以下	10~20分钟	21~40分钟	41~60分钟	60分钟以上	合计
纸质读物阅读时间	10分钟以下	1136	619	202	97	89	2143
	10~20分钟	565	1297	432	146	113	2553
	21~30分钟	212	611	514	124	111	1572
	31~40分钟	105	176	207	84	65	637
	41~50分钟	133	170	128	91	93	615
	50分钟以上	119	155	85	75	126	560
	合计	2270	3028	1568	617	597	8080

2.3 重庆市民选择数字化阅读的原因

2.3.1 重庆市民选择数字化阅读原因总况

调查数据显示,2016年重庆市民选择数字化阅读原因总况,占比较高的三项是“收费少甚至不付费”“获取便利”“方便信息检索”,总体占比达60.0%,由此可以看出,在数字化阅读中,“获取便利”“收费少甚至不付费”“方便信息检索”这些特征是吸引人们选择数字化阅读的主要原因。而需要注意的是,在总体中占比较高的是“收费少甚至不付费”，占比21.8%，这说明重庆市民在数字化阅读方面有很大的需求，但是，在阅读收费方面制约了人们数字化阅读的行为。与此同时也说明，重庆市民没有将数字化阅读作为其生产生活的一部分，数字化阅读也没有成为生产和生活中的重要组成部分，只要收费那么就不读或者少读。为了提升重庆市民的阅读兴趣，需要有关行政部门在数字化阅读收费方面作出一定的调控。具体情况如图2–4所示：

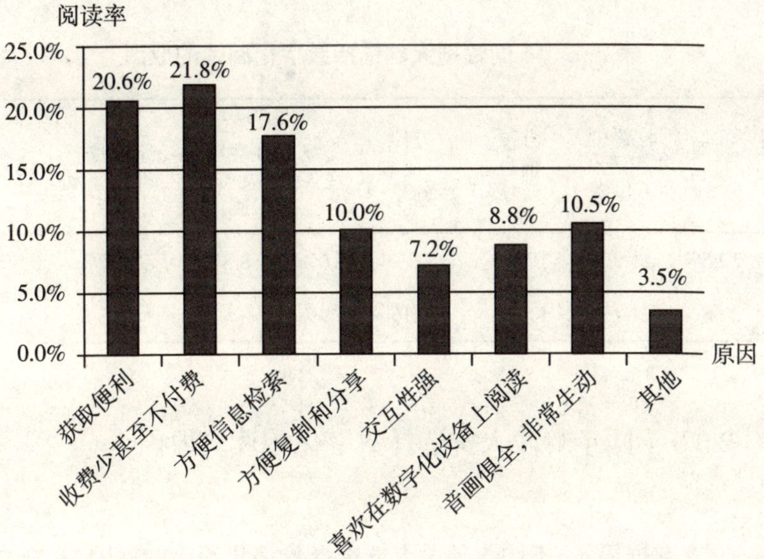

图2–4 重庆市民选择数字化阅读原因总况

2.3.2 不同性别人群选择数字化阅读的原因

调查数据显示,不同性别人群选择数字化阅读,主要是因为“收费少甚至不付费”“获取便利”“方便信息检索”,在这三个原因上,男性占比达60.0%,女性占比达59.8%。男性与女性在选择数字化阅读的原因上,不存在明显的差别,各原因中相差都在2.0%以内。具体情况如表2-5所示:

表2-5 不同性别人群选择数字化阅读的原因

性别	获取便利	收费少甚至不付费	方便信息检索	方便复制和分享	交互性强	喜欢在数字化设备上阅读	音画俱全,非常生动	其他
男	20.5%	21.9%	17.6%	9.9%	7.6%	8.8%	10.2%	3.5%
女	20.6%	21.7%	17.5%	10.1%	6.9%	8.8%	10.8%	3.6%

2.3.3 不同年龄段人群选择数字化阅读的原因

调查数据显示,不同年龄段人群选择数字化阅读的原因中,“收费少甚至不付费”所占比重随着年龄段的增加而增加;在其他几个原因中,不同年龄段之间的差距并不明显,差距都在6.1%以内。

调查数据还显示,“19岁以下”人群在选择数字化阅读的原因中,占比较高的是“获取便利”,19岁以上人群在选择数字化阅读的原因中,占比较高的都是“收费少甚至不付费”,这说明未成年人选择数字化阅读,更看重数字化阅读的便捷性,成年人更看重数字化阅读的收费状况。具体情况如表2-6所示:

表2-6 不同年龄段人群选择数字化阅读的原因

年龄段	获取便利	收费少甚至不付费	方便信息检索	方便复制和分享	交互性强	喜欢在数字化设备上阅读	音画俱全，非常生动	其他
19岁以下	21.3%	20.1%	15.5%	10.2%	6.2%	8.8%	13.2%	4.7%
19~25岁	19.9%	21.7%	19.4%	10.8%	8.2%	9.9%	8.6%	1.5%
26~35岁	19.6%	22.8%	18.9%	10.0%	8.8%	8.9%	8.9%	2.1%
36~50岁	20.5%	23.4%	18.0%	9.4%	7.0%	7.5%	10.7%	3.5%
50岁以上	21.6%	24.2%	17.3%	8.0%	5.5%	7.2%	8.6%	7.6%

2.3.4 不同职业人群选择数字化阅读的原因

调查数据显示，不同职业人群选择数字化阅读，主要是因为数字化阅读“获取便利”“收费少甚至不付费”“方便信息检索”，并且在这三个原因方面，不同职业人群占比都超过50.0%（“学生”占比58.4%，“外来务工人员”占比61.9%，“机关事业单位人员”占比62.5%，“农民”占比61.7%，“企业员工”占比61.2%，“技术人员”占比61.1%，“自由职业者”占比61.9%，“其他”人群占比59.7%）。

调查数据还显示，在选择数字化阅读的原因中，“学生”和“其他”人群最关注的是“获取便利”，其他职业人群，最关注的是“收费少甚至不付费”，这说明数字化阅读的收费状况是大多数职业人群关注的焦点。具体情况如表2-7所示：

表2-7　不同职业人群选择数字化阅读的原因

职业	获取便利	收费少甚至不付费	方便信息检索	方便复制和分享	交互性强	喜欢在数字化设备上阅读	音画俱全，非常生动	其他
学生	21.4%	20.4%	16.6%	10.6%	6.9%	8.8%	11.5%	3.8%
外来务工人员	17.9%	26.5%	17.5%	7.5%	8.0%	10.3%	10.5%	1.8%
机关事业单位人员	18.9%	21.9%	21.7%	9.3%	9.0%	9.3%	8.1%	1.8%
农民	19.5%	26.0%	16.2%	7.6%	6.8%	6.2%	11.6%	6.1%
企业员工	20.8%	22.2%	18.2%	10.3%	8.0%	9.3%	9.4%	1.8%
技术人员	18.6%	21.2%	21.3%	11.5%	8.5%	9.5%	7.8%	1.6%
自由职业者	19.5%	24.6%	17.8%	9.5%	7.2%	9.1%	9.5%	2.8%
其他	22.9%	21.2%	15.6%	9.3%	4.5%	7.4%	11.0%	8.1%

2.3.5不同受教育程度人群选择数字化阅读的原因

调查数据显示，不同受教育程度人群选择数字化阅读，主要是因为数字化阅读“获取便利”“收费少甚至不付费”“方便信息检索”，并且在这三个原因方面，不同受教育程度人群占比都超过50.0%(“高中及以下”人群占比58.6%，“大专”人群占比59.7%，“本科”人群占比62.9%，“硕士”人群占比61.6%，“博士”人群占比59.8%)。

调查数据还显示，在选择数字化阅读的原因中，“高中及以下”人群与“大专”人群，最关注的是“收费少甚至不付费”；“本科”人群最关注的是“获取便利”；“硕士”与“博士”人群，最关注的是“方便信息检索”。具体情况如表2-8所示：

表2-8 不同受教育程度人群选择数字化阅读的原因

受教育程度	获取便利	收费少甚至不付费	方便信息检索	方便复制和分享	交互性强	喜欢在数字化设备上阅读	音画俱全，非常生动	其他
高中及以下	20.7%	22.4%	15.5%	9.6%	6.0%	8.4%	12.4%	5.0%
大专	19.3%	21.8%	18.6%	10.7%	7.9%	9.7%	9.9%	2.1%
本科	21.4%	21.0%	20.5%	10.5%	8.6%	8.9%	7.8%	1.3%
硕士	19.7%	20.7%	21.2%	10.0%	10.4%	9.3%	6.4%	2.3%
博士	18.8%	18.8%	22.2%	8.1%	11.1%	9.8%	6.8%	4.4%

2.3.6 城乡居民选择数字化阅读的原因

调查数据显示，城乡居民选择数字化阅读，主要是因为数字化阅读“获取便利”“收费少甚至不付费”“方便信息检索”，并且在这三个原因方面，城市居民占比59.9%，农村居民占比60.2%。

调查数据还显示，城市与农村居民，在选择数字化阅读的各原因上不存在显著差异，差距都在5.0%以内。在选择数字化阅读的原因中，“城市”与“农村”居民最关注的都是数字化阅读“收费少甚至不付费”。具体情况如表2-9所示：

表2-9 城乡居民选择数字化阅读的原因

区域	获取便利	收费少甚至不付费	方便信息检索	方便复制和分享	交互性强	喜欢在数字化设备上阅读	音画俱全，非常生动	其他
城市	20.4%	22.0%	17.5%	10.3%	7.3%	8.7%	10.5%	3.3%
农村	21.1%	21.6%	17.5%	9.6%	7.0%	8.9%	10.7%	3.6%

2.4 重庆市民数字化阅读目的

2.4.1 重庆市民数字化阅读目的总况

如图2-5所示，2016年重庆市民数字化阅读的最主要目的是“休闲娱乐”，所占比例达到23.8%；其次是“了解新闻时事”，所占比例为22.9%，和前者比较，差异不明显，仅相差0.9%；再次是“学习工作”，所占比例也达到20.5%，和前两者相比较，差异亦不明显；其次依次是“丰富自己的内涵”“消磨时间”，这两项和前面三项比较，差异较明显。由图还可见，排名前两项的“休闲娱乐”和“了解新闻时事”，并不会直接对自己的学习工作及自己的内涵提升有关，而这两者之间的排名恰好在第三和第四名。由此可见，重庆市民通过数字化设备进行阅读的目的仍然以娱乐消遣为主，针对学习工作方面的阅读有待提升。

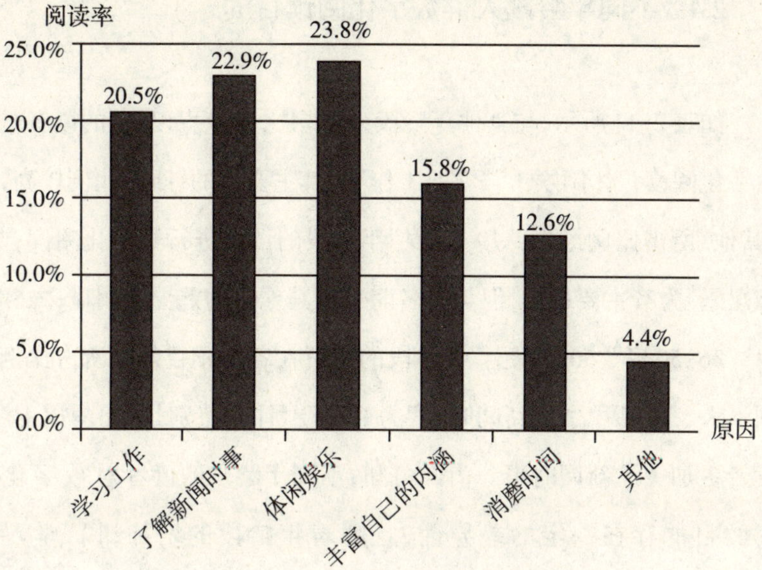

图2-5　重庆市民数字化阅读目的总况

2.4.2 不同性别人群数字化阅读目的

调查数据显示，不同性别人群在数字化阅读的目的上不存在明显差异，其差距都在5.0%以内。男性与女性进行数字化阅读主要是为了"学习工作""了解新闻时事""休闲娱乐"，并且在这三个方面，男性占比67.8%，女性占比66.6%。男性进行数字化阅读最重要的是为了"了解新闻时事"，而女性进行数字化阅读最重要的是为了"休闲娱乐"。具体情况如表2-10所示：

表2-10　不同性别人群数字化阅读目的

性别	学习工作	了解新闻时事	休闲娱乐	丰富自己的内涵	消磨时间	其他
男	20.7%	24.3%	22.8%	14.9%	12.7%	4.6%
女	20.3%	21.8%	24.5%	16.5%	12.5%	4.4%

2.4.3 不同年龄段人群数字化阅读目的

如表2-11所示,与其他年龄段人群相比,“19岁以下”的读者进行数字化阅读,“休闲娱乐”“学习工作”是其主要目的,所占比例较高,而“其他”所占比例最少;“19~25岁”年龄段的读者进行数字化阅读,“休闲娱乐”为其主要目的,但与排名前三的其他目的差异不明显;“26~35岁”“36~50岁”“50岁以上”年龄段的读者在各阅读目的上所占比例差别不大,都是以“了解新闻时事”为最主要目的,特别是“50岁以上”的读者更加关注新闻时事。由此可知,不同年龄段的读者对数字化阅读的目的存在一定的差异性,且随着年龄段的增加,以“学习工作”为目的而进行数字化阅读的群体逐渐降低,而“了解新闻时事”则恰好相反,即随着年龄段的增长,他们会越来越关注新闻时事。

表2-11 不同年龄段人群数字化阅读目的

年龄段	学习工作	了解新闻时事	休闲娱乐	丰富自己的内涵	消磨时间	其他
19岁以下	23.8%	17.9%	24.1%	18.1%	11.0%	5.1%
19~25岁	21.2%	22.7%	24.9%	14.5%	13.7%	3.0%
26~35岁	19.7%	25.7%	24.1%	14.4%	12.8%	3.3%
36~50岁	15.5%	28.2%	23.2%	15.2%	13.0%	4.9%
50岁以上	14.9%	29.4%	19.4%	13.7%	15.1%	7.5%

2.4.4 不同职业人群数字化阅读目的

如表2-12所示，不同职业人群，数字化阅读的目的差异比较明显。在“学习工作”和“丰富自己的内涵”方面，“学生”“机关事业单位人员”“技术人员”所占比例较高，而这几方面占比较低的是“农民”，只有21.5%左右，但“农民”在“消磨时间”方面所占比例却较高，达19.1%，可见，知识水平相对较低的农民阶层有待于改变其数字化阅读目的。而学生在“了解新闻时事”方面，在不同职业人群中占比最少，这表明“学生”对“新闻时事”的关注度低，应当引起教育者的注意。

表2-12　不同职业人群数字化阅读目的

职 业	学习工作	了解新闻时事	休闲娱乐	丰富自己的内涵	消磨时间	其他
学生	23.4%	18.8%	24.2%	17.6%	11.5%	4.5%
外来务工人员	17.3%	26.1%	26.1%	10.8%	15.7%	4.0%
机关事业单位人员	20.0%	27.4%	20.9%	16.9%	11.1%	3.7%
农民	11.9%	27.8%	22.8%	9.6%	19.1%	8.8%
企业员工	20.6%	25.6%	24.5%	14.7%	12.1%	2.5%
技术人员	22.9%	26.8%	22.0%	17.0%	9.4%	1.9%
自由职业者	15.3%	27.1%	25.2%	13.3%	15.1%	4.0%
其他	15.3%	26.8%	21.5%	14.4%	13.7%	8.3%

2.4.5 不同受教育程度人群数字化阅读目的

调查数据显示，不同受教育程度人群通过数字化阅读“消磨时间”的比例，随受教育程度的提升，其比重逐渐减少。调查数据还显示，硕士通过数字化阅读“学习工作”“了解新闻时事”“丰富自己的内涵”三个方面占比较高，达70.9%，而在“休亲娱乐”“消磨时间”两方面，其所占比重又较低，达26.2%，这说明硕士进行数字化阅读更多的是为了学习，需要注意的是“大专”和“高中及以下”人群，在“休闲娱乐”“消磨时间”两方面占比较高，分别达37.7%和37.2%。具体情况如表2-13所示：

表2-13　不同受教育程度人群数字化阅读目的

受教育程度	学习工作	了解新闻时事	休闲娱乐	丰富自己的内涵	消磨时间	其他
高中及以下	19.7%	21.5%	23.7%	15.8%	13.5%	5.8%
大专	19.8%	25.0%	25.0%	14.4%	12.7%	3.1%
本科	22.0%	23.9%	23.9%	15.7%	11.7%	2.8%
硕士	24.7%	27.1%	19.6%	19.1%	6.6%	2.9%
博士	23.3%	26.9%	20.4%	20.0%	6.1%	3.3%

2.4.6 城乡居民数字化阅读目的

如图2-6所示，城乡居民数字化阅读目的不存在显著差异。城市居民与农村居民在各数字化阅读目的中的差距都在3.0%以内。城乡居民数字化阅读最主要的目的都是为了“休闲娱乐”，这说明数字化阅读已然成为城乡居民休闲娱乐的一种方式；数字化阅读目的排第二和第三的分别是“了解新闻时事”和“学习工作”，这说明城乡居民进行数字化阅读不仅仅是为了休闲娱乐，在一定程度上也是为了增长自我知识，这也表明通过数字化阅读，是提升城乡居民文化水平的一条可取之路。具体情况如图2-6所示：

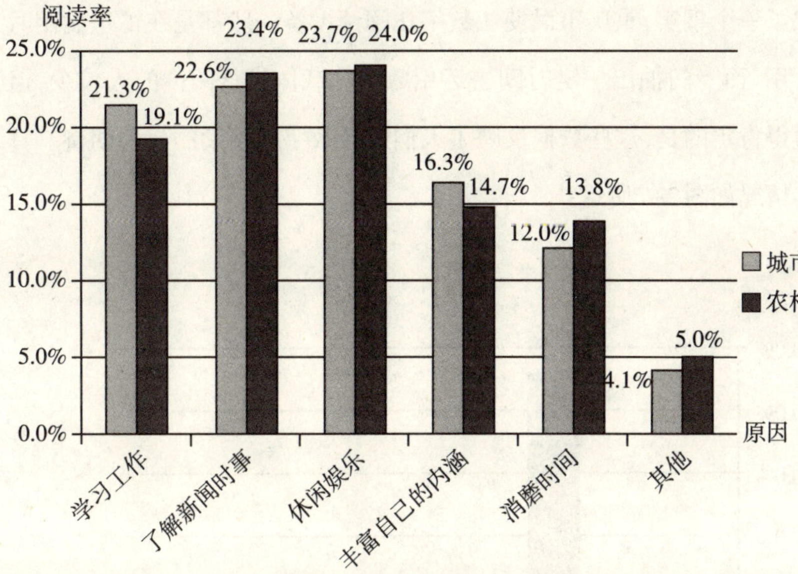

图2-6　城乡居民数字化阅读目的

2.5 重庆市民进行数字化阅读载体

2.5.1 重庆市民进行数字化阅读载体总况

调查数据显示，2016年重庆市民进行数字阅读的载体主要是手机，占比达65.7%，远远高于其他载体（“笔记本电脑”“平板电脑”“数字化阅读器”“其他”）50.0%以上。这跟手机相比笔记本电脑、平板电脑、数字化阅读器价格更便宜，携带更方便，手机网络的飞速发展，手机技术电脑化，以及手机阅读种类的不断丰富密切相关，这从侧面反映了一个事实，重庆市民使用数字化阅读设备一般都是在忙里偷闲时所用，而专门抽出一定时间去运用数字化载体进行阅读的人较少，但值得肯定的是，这些数据反映了人们进行数字化阅读的一种期待。具体情况如图2-7所示：

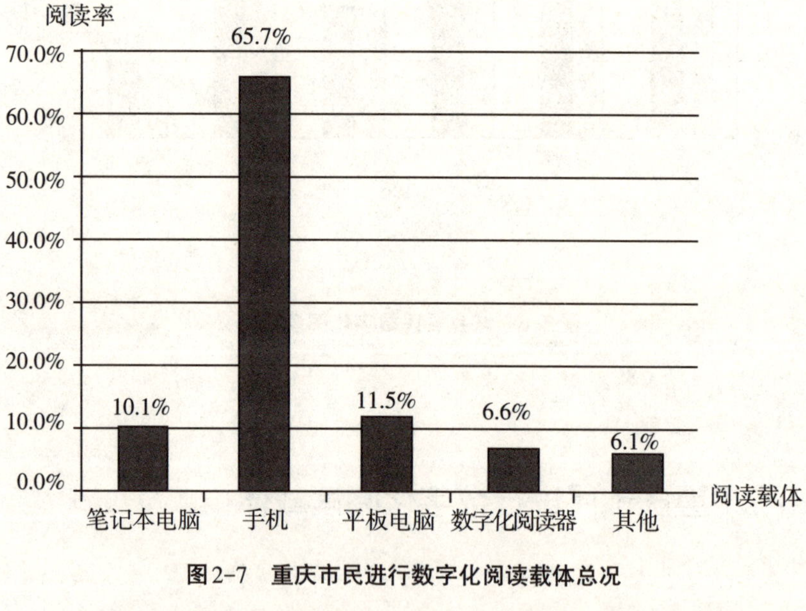

图2-7　重庆市民进行数字化阅读载体总况

2.5.2不同年龄段人群进行数字化阅读的载体

调查数据显示，不同年龄段人群进行数字化阅读，最重要的载体都是“手机”，并且“手机”所占比重都超过了50.0%，占有绝对优势。

选择“笔记本电脑”“数字化阅读器”进行数字化阅读的各年龄段人群，其差别不大；选择“手机”进行数字化阅读的各年龄段人群中，“50岁以上”人群与其他人群差距较明显，相差都在10.0%以上；选择“平板电脑”进行数字化阅读的各年龄段人群中，差距最大的是“26~35岁”与“36~50岁”人群，其相差7.2%。需要注意的是“50岁以上”人群在“其他”这一项中所占比重达20.8%，具体其通过什么“其他”载体进行数字化阅读还需进一步调查。具体情况如表2-14所示：

表2-14 不同年龄段人群进行数字化阅读的载体

年龄段	笔记本电脑	手机	平板电脑	数字化阅读器	其他
19岁以下	10.6%	66.3%	9.5%	7.6%	6.0%
19~25岁	10.4%	67.8%	13.4%	6.7%	1.7%
26~35岁	10.0%	66.5%	15.9%	5.4%	2.2%
36~50岁	9.3%	69.0%	8.7%	6.8%	6.2%
50岁以上	9.3%	54.7%	10.5%	4.7%	20.8%

2.5.3 城乡居民数字化阅读的载体

调查数据显示，不同区域人群进行数字化阅读，最重要的载体都是“手机”，并且“手机”所占比重都超过了60.0%，占有绝对优势，选择其他载体进行数字化阅读的比重都在13.0%以内。城市与农村居民，在选择数字化阅读载体上不存在显著差距，差距都在5.0%以内。具体情况如图2-8所示：

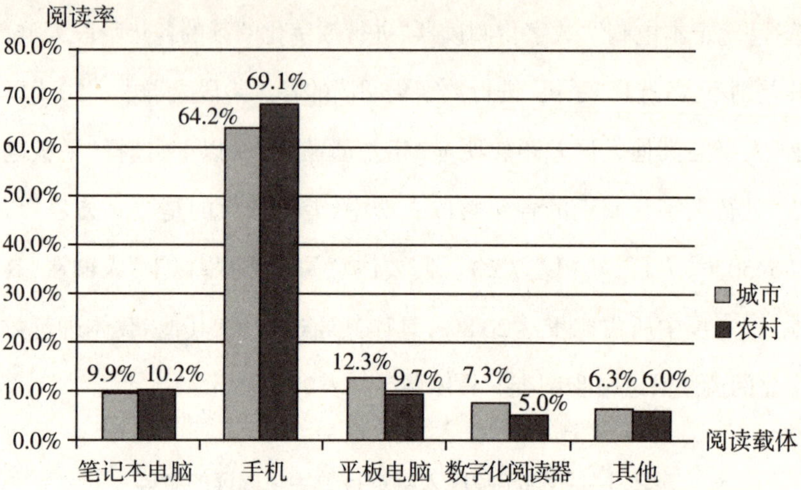

图2-8　城乡居民数字化阅读的载体

2.6 重庆市民数字化阅读内容

2.6.1 重庆市民数字化阅读内容总况

由图2-9看出，重庆市民数字化阅读内容，最多的是“休闲娱乐信息”，占到26.4%；其次是“新闻资讯”，占23.2%；然后是“文学作品”，占19.3%；接着是“网络小说”，占15.9%；而关于“工作学习内容”的较少，占11.4%，排倒数第二。“休闲娱乐信息”和“新闻资讯”几乎占据了重庆市民数字化阅读内容的一半。这表明随着社会经济的发展，重庆市民不仅注重物质生活水平的提高，而且也注重休闲娱乐，关注精神生活。

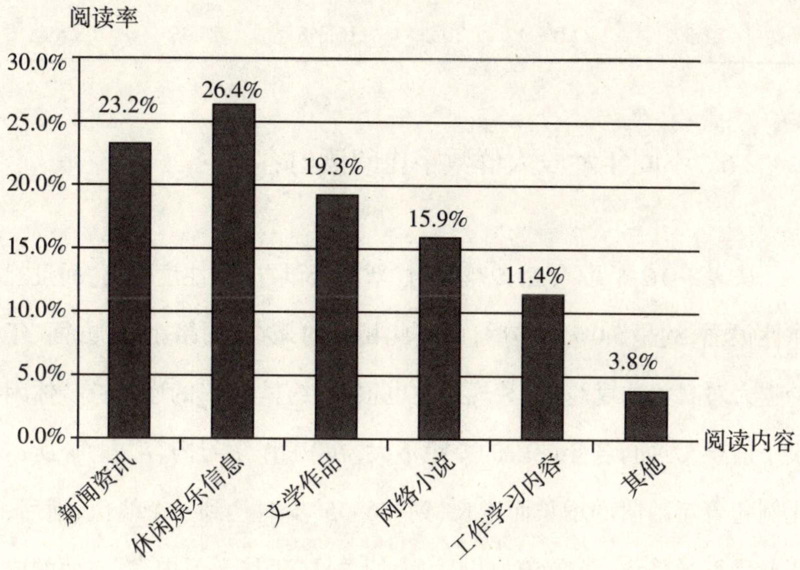

图2-9　重庆市民数字化阅读内容总况

2.6.2 不同性别人群数字化阅读内容

调查数据显示，不同性别人群数字化阅读的内容，主要是“新闻资讯”“休闲娱乐信息”“文学作品”，并且在这三个方面，男性占比69.4%，女性占比68.5%。男性进行数字化阅读，最关注“新闻资讯”；女性进行数字化阅读，最关注“休闲娱乐信息”。总体来看，不同性别人群在数字化阅读内容上不存在显著差异，差距都在5.0%以内。具体情况如表2-15所示：

表2-15 不同性别人群数字化阅读内容

性别	新闻资讯	休闲娱乐信息	文学作品	网络小说	工作学习内容	其他
男	25.6%	25.5%	18.3%	15.4%	11.4%	3.8%
女	21.3%	27.0%	20.2%	16.3%	11.4%	3.8%

2.6.3 不同年龄段人群数字化阅读内容

从表2-16可见,年龄段越大对“新闻资讯”的关注度越高,而且规律性很强,约呈5.0%的递增;而与此相反的是在“网络小说”方面,年龄越大对其关注度越低,其规律性也很强,约呈3.0%的递减;在“休闲娱乐信息”方面,各年龄段的差距不大;在“工作学习内容”方面,所占比例随着年龄段的增长而增长,到“26~35”岁时达到一个峰值,随后,逐渐呈下降趋势;而在50岁以后,人们关注“工作学习内容”方面的成分则达到一个低谷。从“文学作品”与“休闲娱乐信息”“网络小说”的比较来看,不同年龄段的人群,对文学作品的关注程度都低于“休闲娱乐信息”,却高于“网络小说”。

表2-16 不同年龄段人群数字化阅读内容

年龄段	新闻资讯	休闲娱乐信息	文学作品	网络小说	工作学习内容	其他
19岁以下	16.0%	25.1%	22.6%	20.3%	10.6%	5.4%
19~25岁	21.4%	26.9%	19.7%	17.3%	12.8%	1.9%
26~35岁	25.5%	27.3%	17.1%	14.0%	13.8%	2.3%
36~50岁	31.6%	27.1%	15.4%	11.7%	11.1%	3.1%
50岁以上	36.4%	26.7%	16.6%	7.1%	6.3%	6.9%

2.6.4 不同职业人群数字化阅读内容

由调查数据得知,“外来务工人员”数字化阅读关注最多的是“休闲娱乐信息”(31.3%),“机关事业单位人员”“农民”“企业职工”“技术人员”和“自由自业者”在数字阅读上关注最多的是“新闻资讯”(33.8%)。“学生”喜欢阅读“休闲娱乐(25.4%)”,广大“农民”则对“工作学习内容”(6.3%)和“其他”(6.6%)兴趣不大,在不同数字化阅读内容中排较后。具体情况如表2-17所示:

表2-17 不同职业人群数字化阅读内容

职 业	新闻资讯	休闲娱乐信息	文学作品	网络小说	工作学习内容	其他
学生	17.7%	25.4%	21.8%	19.1%	11.6%	4.4%
外来务工人员	22.1%	31.3%	20.6%	15.3%	7.9%	2.8%
机关事业单位人员	27.1%	25.6%	19.3%	12.5%	14.0%	1.5%
农民	33.8%	31.4%	11.2%	10.7%	6.3%	6.6%
企业员工	29.5%	26.8%	16.1%	13.5%	12.7%	1.4%
技术人员	26.3%	21.6%	21.3%	11.2%	18.2%	1.4%
自由职业者	27.9%	27.8%	15.1%	15.0%	10.1%	4.1%
其他	31.6%	28.2%	15.8%	11.5%	6.6%	6.3%

2.6.5 不同受教育程度人群数字化阅读内容

调查数据显示,不同受教育程度人群数字化阅读的主要内容有

"新闻资讯""休闲娱乐信息""文学作品","高中及以下""大专""本科""硕士""博士"人群在这三个主要内容上分别占比68.2%、70.9%、68.7%、72.0%、74.0%。本科及其以下人群,数字化阅读占比较高的均是"休闲娱乐信息",而硕士、博士人群最为关注的却都是"文学作品";需要注意的是,在"网络小说"这个选项上,"高中及以下"人群占比较高,达17.2%。具体情况如表2-18所示:

表2-18 不同受教育程度人群数字化阅读内容

受教育程度	新闻资讯	休闲娱乐信息	文学作品	网络小说	工作学习内容	其他
高中及以下	22.7%	26.9%	18.6%	17.2%	9.1%	5.5%
大专	24.6%	29.1%	17.2%	15.0%	12.0%	2.1%
本科	23.8%	24.7%	20.2%	14.6%	14.9%	1.8%
硕士	23.3%	22.2%	26.5%	11.4%	15.9%	0.7%
博士	17.5%	17.5%	39.0%	13.0%	9.0%	4.0%

2.6.6城乡居民数字化阅读内容

由调查数据得知,城乡居民在数字化阅读内容上不存在明显差异,差距都在3.0%以内。城乡居民在数字化阅读内容上,最喜爱的阅读内容是"休闲娱乐信息",这说明数字化阅读已然成为城乡居民休闲娱乐的一种方式;城乡居民数字化阅读内容排在第二、第三的分别是"新闻资讯""文学作品",这表明城乡居民在进行数字化阅读的同时不仅仅是为了休闲娱乐,还在一定程度上增长自我知识、增加自我见识。具体情况如表2-19所示:

表2-19 城乡居民数字化阅读内容

区域	新闻资讯	休闲娱乐信息	文学作品	网络小说	工作学习内容	其他
城市	22.9%	25.6%	19.7%	15.9%	12.0%	3.9%
农村	23.8%	27.9%	18.5%	16.0%	10.1%	3.7%

2.7 重庆市民人均每天数字化阅读时间

2.7.1 重庆市民人均每天数字化阅读时间总况

为了调查2016年重庆市民人均每天进行数字化阅读时间，我们将选项"①10分钟以下"算作5分钟；"②10~20分钟"算作15分钟；"③21~40分钟"算作30分钟；"④41~60分钟"算作50分钟；"⑤60分钟以上"算作70分钟，从而得出2016年重庆市民人均每天进行数字化阅读的时间为21.8分钟；但据掌阅软件统计，重庆市民每天通过移动终端阅读电子图书的频率为2.6次，每天阅读时长为33.0分钟，平均每次打开阅读有12.7分钟，数字化阅读喜爱类别主要为小说、文学、励志、少儿、传记。掌阅软件提供的数据与实际调查数据有所出入，这跟各自的计算方法相关。具体情况如表2-20所示：

表2-20　重庆市民人均每天数字化阅读时间总况

N	有效	8093
	缺失	760
均值		21.8

2.7.2 不同性别人群人均每天数字化阅读时间

为了调查不同性别人群人均每天进行数字化阅读时间，我们将选项"①10分钟以下"算作5分钟；"②10~20分钟"算作15分钟；"③21~40分钟"算作30分钟；"④41~60分钟"算作50分钟；"⑤60分钟以上"算作70分钟，从而得出男性、女性人均每天进行数字化阅读时间分别为21.3分钟、22.3分钟。由调查结果得知，女性人均每天数字化阅读时间高于男性，但是二者之间差别不大，女性人均每天数字化阅读时间仅比男性多1.0分钟。具体情况如图2-10所示：

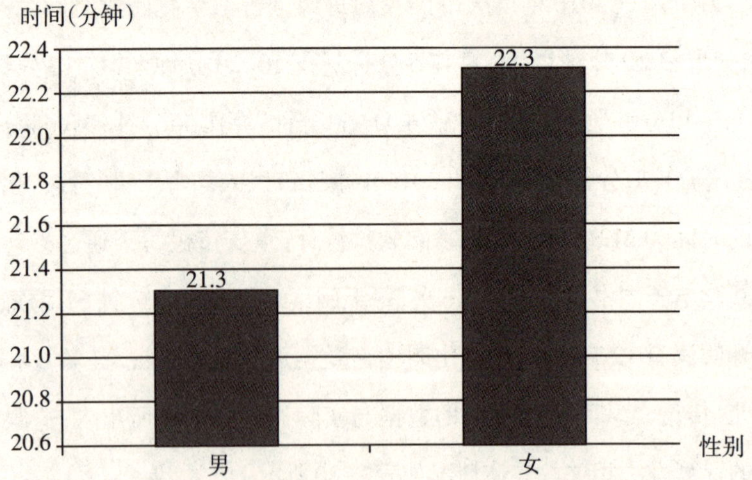

图2-10　不同性别人群人均每天数字化阅读时间

2.7.3 不同年龄段人群人均每天数字化阅读时间

为了调查2016年不同年龄段人群，人均每天进行数字化阅读时间，我们将选项“①10分钟以下”算作5分钟；“②10~20分钟”算作15分钟；“③21~40分钟”算作30分钟；“④41~60分钟”算作50分钟；“⑤60分钟以上”算作70分钟，从而得出“19岁以下”“19~25岁”“26~35岁”“36~50岁”“50岁以上”人群，2016年人均每天进行数字化阅读的时间，分别为20.6分钟、23.2分钟、23.6分钟、21.0分钟、21.1分钟。

调查数据显示，“26~35岁”以前，人均每天进行数字化阅读的时间，随着年龄的增加而增加，“19岁以下”到“19~25岁”增幅最大，达2.6分钟；在“26~35岁”到“36~50岁”，人均每天进行数字化阅读的时间，随着年龄的增加而减少，其减幅最大，达2.6分钟；在“36~50岁”之后，人均每天进行数字化阅读的时间略有上升。具体情况如图2-11所示:

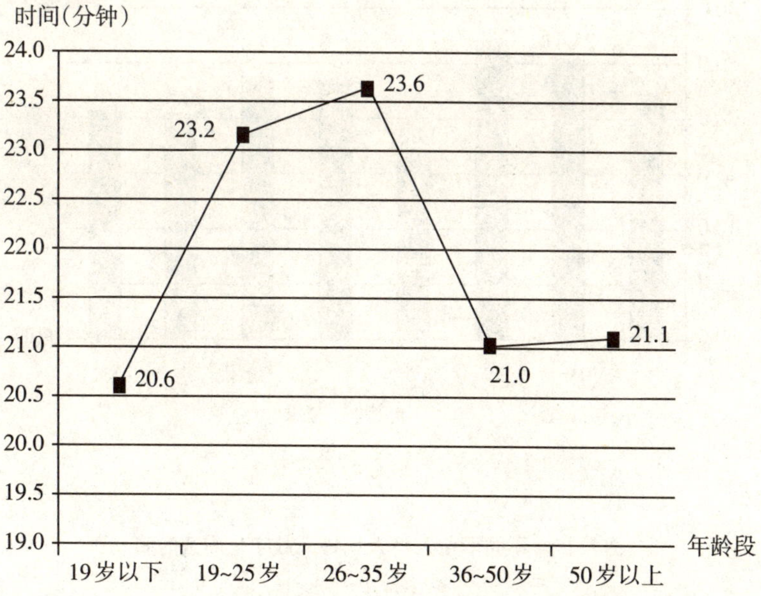

图2-11　不同年龄段人群人均每天数字化阅读时间

2.7.4 不同职业人群人均每天数字化阅读时间

为了调查不同职业人群，人均每天进行数字化阅读的时间，我们将选项“①10分钟以下”算作5分钟；“②10~20分钟”算作15分钟；“③21~40分钟”算作30分钟；“④41~60分钟”算作50分钟；“⑤60分钟以上”算作70分钟，从而得出“学生”“外来务工人员”“机关事业单位人员”“农民”“企业员工”“技术人员”“自由职业者”“其他”人群的数字化阅读时间分别为21.2分钟、25.4分钟、27.1分钟、17.2分钟、22.9分钟、23.6分钟、20.3分钟、20.4分钟。由调查结果得知，“机关事业单位人员”与“农民”之间数字化阅读时间差距最大，差距达到9.9分钟。具体情况如图2-12所示：

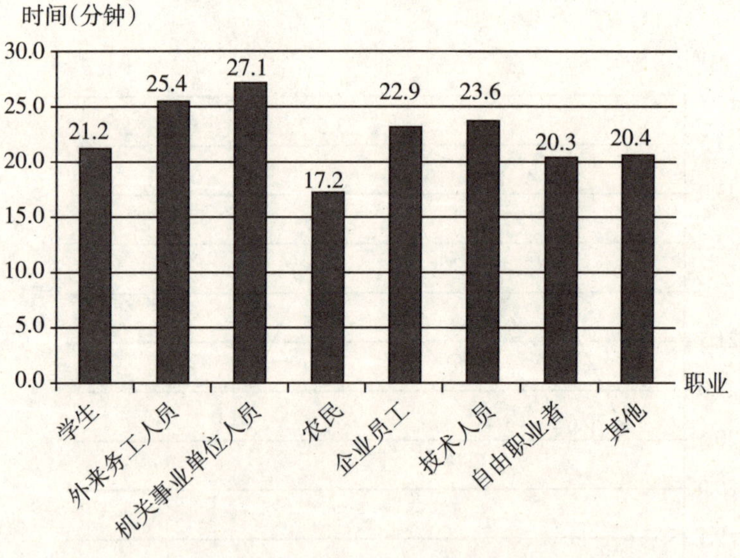

图2-12 不同职业人群人均每天数字化阅读时间

2.7.5 不同受教育程度人群人均每天数字化阅读时间

为了调查2016年不同受教育程度人群人均每天进行数字化阅读的时间，我们将选项“①10分钟以下”算作5分钟；“②10~20分钟”算作15分钟；“③21~40分钟”算作30分钟；“④41~60分钟”算作50分钟；“⑤60分钟以上”算作70分钟，从而得出“高中及以下”“大专”“本科”“硕士”“博士”人群，人均每天进行数字化阅读的时间，分别为19.9分钟、22.4分钟、24.8分钟、27.7分钟、27.6分钟。

从整体来考察，人均每天进行数字化阅读的时间，随着教育程度的提升而增加，但是，在“博士”阶段略有下降。“高中及以下”与“硕士”阶段受教育程度人群，人均每天进行数字化阅读的时间差距最大，差距达到7.8分钟。具体情况如图2-13所示：

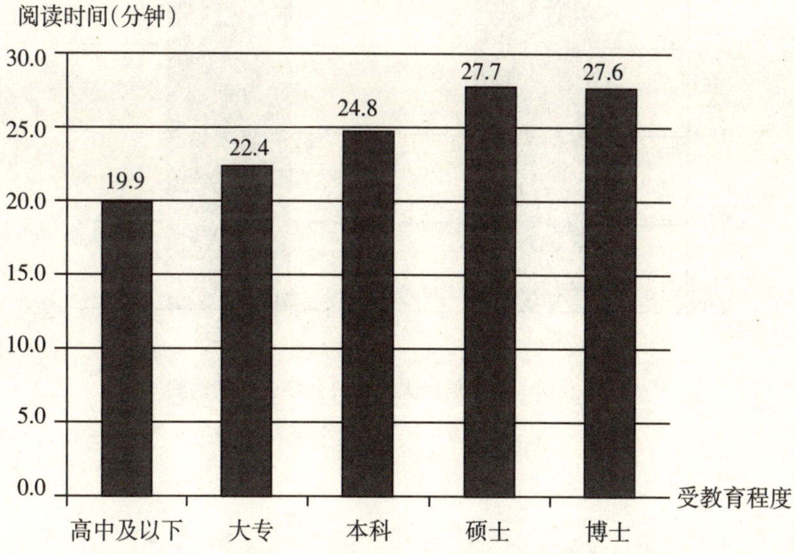

图2-13 不同受教育程度人群人均每天数字化阅读时间

2.7.6城乡居民人均每天数字化阅读时间

为了调查2016年城乡居民,人均每天进行数字化阅读的时间,我们将选项“①10分钟以下”算作5分钟;“②10~20分钟”算作15分钟;“③21~40分钟”算作30分钟;“④41~60分钟”算作50分钟;“⑤60分钟以上”算作70分钟,从而得出“城市”“农村”人群,人均每天进行数字化阅读的时间,分别为23.2分钟、19.1分钟。由调查结果得知,城市居民人均每天数字化阅读时间明显高于农村居民,差距达到4.1分钟。具体情况如图2-14所示:

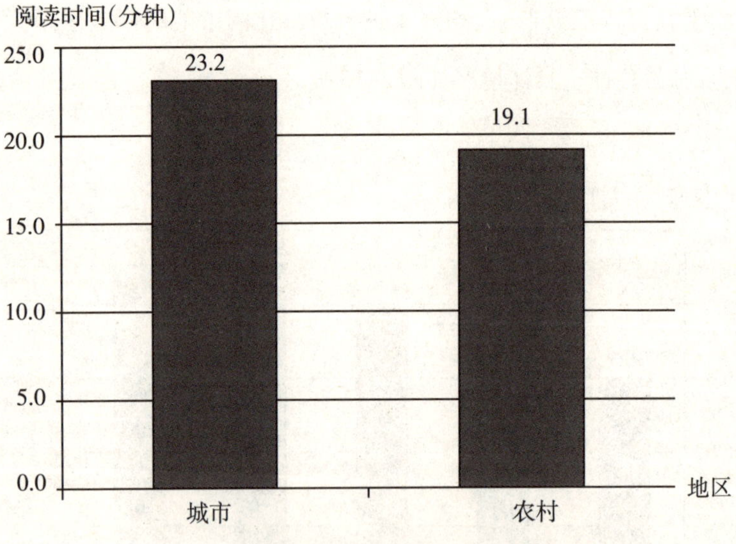

图2-14　城乡居民人均每天数字化阅读时间

2.8 重庆市民数字化阅读的效果与自我评价

2.8.1 重庆市民对最近一次数字化阅读记忆状况

2.8.1.1 重庆市民对最近一次数字化阅读记忆总况

本次问卷调查了重庆市民对最近一次数字化阅读记忆情况，“模糊记得”的人数占被调查人数的大部分(43.3%)，还有28.9%的人员对于最后一次数字阅读浏览过的内容记忆清晰。“模糊记得”和“仍然记得清”的人数占总体的72.2%，说明数字化阅读效果还是比较显著的。“基本不记得”和“完全不记得”的占总体的27.8%。具体情况如图2-15所示：

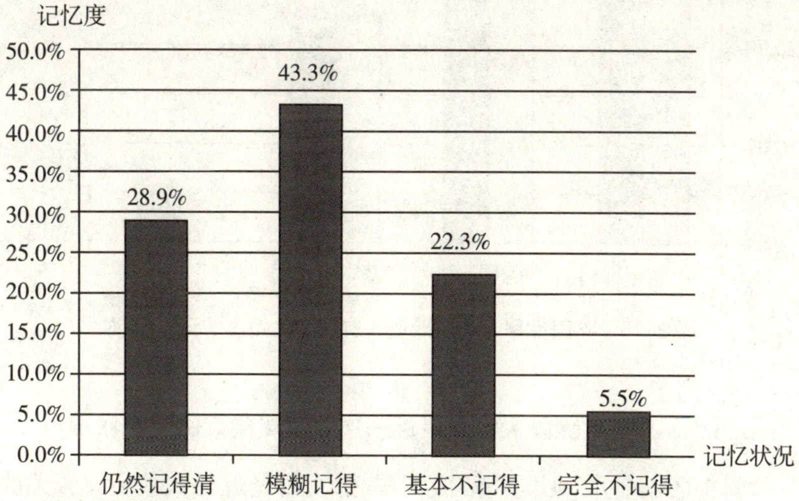

图2-15　重庆市民对最近一次数字化阅读记忆总况

2.8.1.2不同性别人群对最近一次数字化阅读的记忆状况

调查数据显示,不同性别人群对于最近一次数字化阅读记忆状况,"模糊记得"的人数占被调查人数的大部分(男性占44.1%,女性占42.7%);男性对于最近一次数字化阅读的记忆状况,"模糊记得"和"仍然记得清"的占71.8%,女性占72.5%,这说明数字化阅读,对于不同性别人群而言效果还是比较显著的。在"完全不记得"这一项上女性高于男性,但差距不大,仅相差0.5%。不同性别人群对于最近一次数字化阅读的记忆状况不存在显著差距,差距都在3.0%以内。具体情况如图2-16所示:

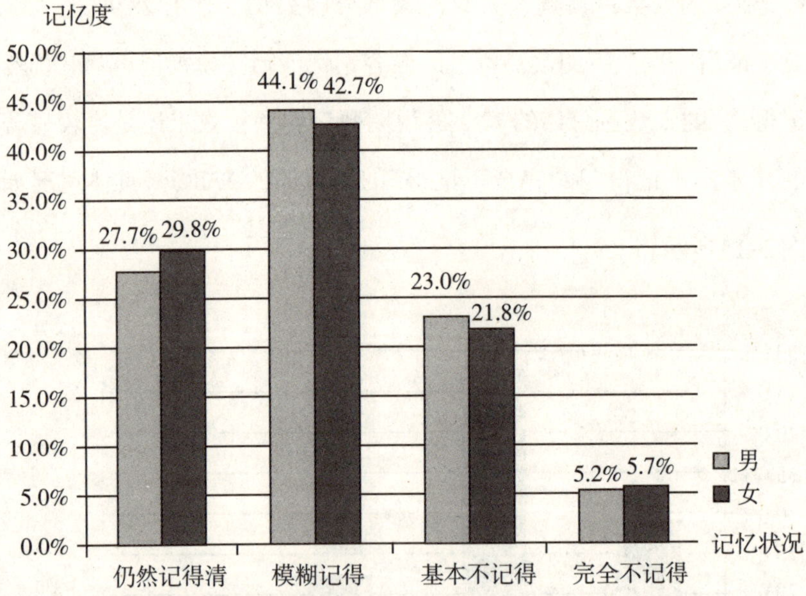

图2-16 不同性别人群对最近一次数字化阅读的记忆状况

2.8.1.3不同年龄段人群对最近一次数字化阅读的记忆状况

调查数据显示,不同年龄段人群之间,对最近一次数字化阅读的记忆状况存在明显差异。对最近一次数字化阅读"仍然记得清"的人群中，在50岁以前，随着年龄的增长其所占比重逐渐下降，但在50岁以后，其所占比重上涨；对最近一次数字化阅读"模糊记得"的人群中，在50岁以前随着年龄的增长其所占比重逐渐增加，但在50岁之后，其所占比重下降；对最近一次数字化阅读"基本不记得"的人群中，"26~35岁"与"19岁以下"人群之间差距最大，差距达到11.8%；对最近一次数字化阅读"完全不记得"的人群中，"50岁以上"与"19~25岁"人群之间差距最大，差距达到10.1%。具体情况如表2-21所示：

表2-21 不同年龄段人群对最近一次数字化阅读的记忆状况

年龄段	仍然记得清	模糊记得	基本不记得	完全不记得
19岁以下	39.8%	40.1%	15.9%	4.2%
19~25岁	26.9%	45.5%	24.3%	3.3%
26~35岁	22.3%	45.9%	27.7%	4.1%
36~50岁	19.5%	46.3%	27.5%	6.7%
50岁以上	23.0%	40.5%	23.1%	13.4%

2.8.1.4 不同职业人群对最近一次数字化阅读的记忆状况

调查数据显示，"农民"群体对最近一次数字化阅读的记忆状况是最差的。对最近一次数字化阅读"仍然记得清"的人群中，"学生"与"农民"之间差距最大，差距达到20.9%；对最近一次数字化阅读"模糊记得"的人群中，"技术人员"与"农民"之间差距最大，差距达到14.3%，并且，不同职业人群对最近一次数字化阅读的主体记忆状况也是"模糊记得"；对最近一次数字化阅读"基本不记得"的人群中，"农民"与"学生"之间差距最大，差距达到17.5%；对最近一次数字化阅读"完全不记得"的人群中，"农民"与"技术人员"之间差距最大，差距达到10.3%。具体情况如表2-22所示：

表2-22 不同职业人群对最近一次数字化阅读的记忆状况

职业	仍然记得清	模糊记得	基本不记得	完全不记得
学生	36.3%	42.0%	17.6%	4.1%
外来务工人员	27.7%	39.9%	27.7%	4.7%
机关事业单位人员	23.9%	44.9%	25.8%	5.4%
农民	15.4%	36.6%	35.1%	12.9%
企业员工	22.1%	48.3%	26.4%	3.2%
技术人员	26.9%	50.9%	19.6%	2.6%
自由职业者	22.3%	45.1%	25.8%	6.8%
其他	20.8%	43.5%	25.0%	10.7%

2.8.1.5不同受教育程度人群对最近一次数字化阅读记忆状况

调查数据显示,"博士"群体对最近一次数字化阅读的记忆状况是最差的。最近一次数字化阅读"仍然记得清"的人群中,"高中及以下"群体与"博士"群体之间差距最大,达8.9%;在最近一次数字化阅读"模糊记得"的人群中,"大专"群体与"博士"群体之间差距最大,达到10.8%,并且,不同受教育程度人群,对最近一次数字化阅读的主体记忆状况也是"模糊记得";在最近一次数字化阅读"基本不记得"的人群中,"大专"群体与"高中及以下"人群之间差距最大,达到3.2%;在最近一次数字化阅读"完全不记得"的人群中,"博士"与"硕士"之间差距最大,达到16.5%。具体情况如表2-23所示:

表2-23　不同受教育程度人群对最近一次数字化阅读的记忆状况

受教育程度	仍然记得清	模糊记得	基本不记得	完全不记得
高中及以下	30.6%	41.0%	21.8%	6.6%
大专	23.8%	47.6%	25.0%	3.6%
本科	28.3%	46.3%	21.9%	3.5%
硕士	29.8%	44.0%	23.8%	2.4%
博士	21.7%	36.8%	22.6%	18.9%

2.8.1.6 城乡居民对最近一次数字化阅读的记忆状况

调查数据显示，城乡居民对于最近一次数字化阅读记忆状况，“模糊记得”的人数占被调查人数的大部分（城市居民占42.2%，农村居民占45.4%）；城市居民对于最近一次数字化阅读的记忆状况，“模糊记得”和“仍然记得清”的占72.8%，农村居民占71.0%，这说明数字化阅读对于不同区域人群而言效果还是比较显著的。在“模糊记得”“基本不记得”“完全不记得”这三项上，农村居民所占比重高于城市居民，这说明农村居民对最近一次数字化阅读的记忆状况不如城市居民，但是二者之间相差不大，差距都在4.0%以内。总体而言，不同区域人群对于最近一次数字化阅读的记忆状况不存在显著差距，差距都在5.0%以内。具体情况如图2-17所示：

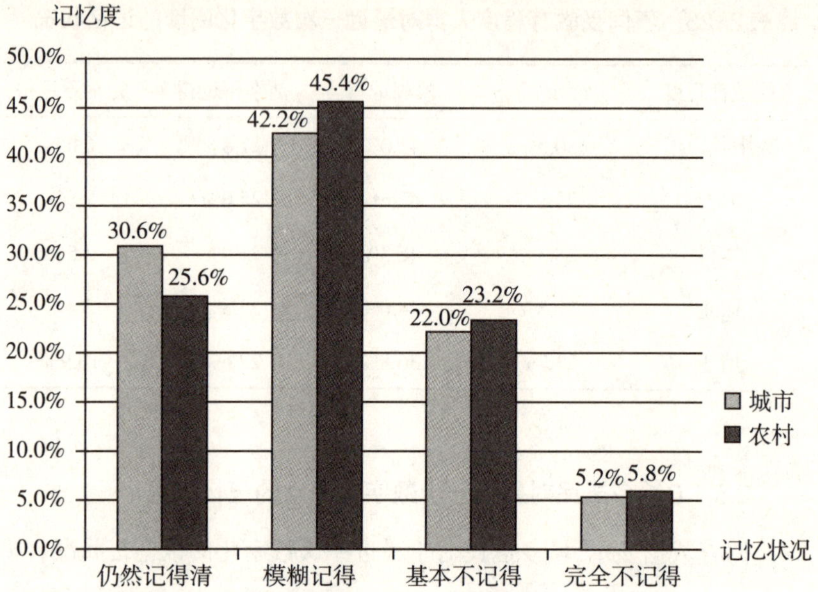

图2-17　城乡居民对最近一次数字化阅读的记忆状况

2.8.2 重庆市民对最近一次数字化阅读的感受

2.8.2.1 重庆市民对最近一次数字化阅读感受的总况

总体来看,大部分重庆市民认为数字阅读能带给其一定收获,能达到其阅读的目的,但效率不高。在对最近一次数字阅读的体验中,38.9%的重庆市民表示在上一次数字化阅读中,“能达到自己的目的,很有收获”;33.8%的重庆市民表示虽然数字化阅读效率不高,但是其通过数字化阅读仍然有一定的收获;10.8%的重庆市民认为数字化阅读除去计划中的阅读目的之外,还有其他意外的收获;16.5%的重庆市民觉得数字阅读不仅浪费时间,而且基本没什么收获。对于数字化阅读这种新型传播媒介,重庆市民的认知也与时俱进,大部分重庆市民看好并乐于接受数字化阅读方式,但是数据也呈现出数字化阅读的弊端，比如，节奏快、效率低、持续时间短等问题。具体情况如图2-18所示：

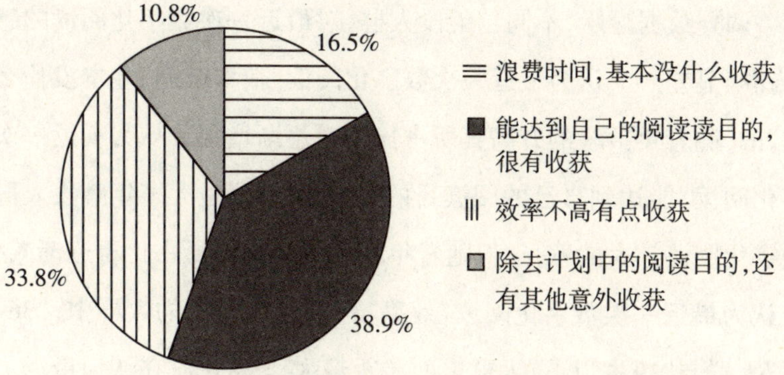

图2-18 重庆市民对最近一次数字化阅读感受的总体情况

2.8.2.2不同性别人群对最近一次数字化阅读的感受

调查数据显示，不同性别人群对最近一次数字化阅读的主要感受是“能达到自己的阅读目的，很有收获”（男性占39.2%，女性占38.7%）；另外认为“除去计划中的阅读目的，还有其他意外收获”的男性占10.5%，女性占11.0%；需要引起我们注意的是，认为最近一次数字化阅读“效率不高有点收获”的，男性占34.0%，女性占33.6%，这说明不同性别人群对于最近一次的数字化阅读状况还需改善。由调查结果得知，不同性别人群之间，对于最近一次数字化阅读的感受不存在明显差异，差距都在2.0%以内。具体情况如表2-24所示：

表2-24 不同性别人群对最近一次数字化阅读的感受

性别	浪费时间，基本没什么收获	能达到自己的阅读目的，很有收获	效率不高有点收获	除去计划中的阅读目的，还有其他意外收获
男	16.3%	39.2%	34.0%	10.5%
女	16.7%	38.7%	33.6%	11.0%

2.8.2.3 不同年龄段人群对最近一次数字化阅读的感受

调查数据显示,不同年龄段人群,对最近一次数字化阅读的感受存在明显差异。认为最近一次数字化阅读“浪费时间,基本没什么收获”的,随着年龄段的升高其所占比重也逐渐增加。认为最近一次数字化阅读“能达到自己的阅读目的,很有收获 ”是大多年龄段人群对数字化阅读最大的感受,但随着年龄段的升高其所占比重逐渐减少。在认为最近一次数字化阅读“效率不高有点收获”的人群中,“36~50岁”人群与“19岁以下”人群之间差距最大,达8.0%;在认为最近一次数字化阅读“除去计划中的阅读目的,还有其他意外收获”的人群中,“19岁以下”人群与“36~50岁”人群之间差距最大,达5.6%。具体情况如表2-25所示:

表2-25 不同年龄段人群对最近一次数字化阅读的感受

年龄段	浪费时间,基本没什么收获	能达到自己的阅读目的,很有收获	效率不高有点收获	除去计划中的阅读目的,还有其他意外收获
19岁以下	13.3%	42.3%	31.2%	13.2%
19~25岁	16.1%	38.9%	34.9%	10.1%
26~35岁	17.0%	38.2%	34.0%	10.8%
36~50岁	18.0%	35.2%	39.2%	7.6%
50岁以上	23.5%	35.2%	32.1%	9.2%

2.8.2.4 不同职业人群对最近一次数字化阅读的感受

调查数据显示,不同职业人群,对最近一次数字化阅读的感受存在显著差异。在认为最近一次数字化阅读“浪费时间,基本没什么收获”的人群中，“外来务工人员”与“企业员工”之间差距最大，达14.5%；在认为最近一次数字化阅读“能达到自己的阅读目的，很有收获”的人群中，“机关事业单位人员”与“农民”之间差距最大，达15.6%；在认为最近一次数字化阅读“效率不高有点收获”的人群中，“自由职业者”与“外来务工人员”之间差距最大，达10.0%；在认为最近一次数字化阅读“除去计划中的阅读目的，还有其他意外收获”的人群中，“企业员工”与“外来务工人员”之间差距最大，达6.0%。

调查数据还显示，“学生”“外来务工人员”“机关事业单位人员”“企业员工”“技术人员”“其他”人群，对最近一次数字化阅读最大的感受是“能达到自己的阅读目的，很有收获”，但是“农民”与“自由职业者”却认为最近一次数字化阅读“效率不高有点收获”，至于是什么原因导致其拥有这样的感受，有待于进一步的调查研究。具体情况如表2-26所示：

表2-26　不同职业人群对最近一次数字化阅读的感受

职业	浪费时间，基本没什么收获	能达到自己的阅读目的，很有收获	效率不高有点收获	除去计划中的阅读目的，还有其他意外收获
学生	13.5%	40.7%	33.5%	12.3%
外来务工人员	26.9%	39.4%	27.3%	6.4%
机关事业单位人员	18.4%	44.1%	27.9%	9.6%
农民	25.7%	28.5%	36.8%	9.0%
企业员工	12.4%	38.2%	37.0%	12.4%
技术人员	16.1%	37.8%	33.9%	12.2%

续表

职 业	浪费时间，基本没什么收获	能达到自己的阅读目的，很有收获	效率不高有点收获	除去计划中的阅读目的，还有其他意外收获
自由职业者	18.4%	35.4%	37.3%	8.9%
其他	17.4%	38.3%	36.5%	7.8%

2.8.2.5不同受教育程度人群对最近一次数字化阅读的感受

调查数据显示，不同受教育程度人群，对最近一次数字化阅读的感受存在显著差异。在认为最近一次数字化阅读“浪费时间，基本没什么收获”的人群中，“博士”人群与“硕士”人群之间差距最大，达14.1%；在认为最近一次数字化阅读“能达到自己的阅读目的，很有收获”的人群中，“大专”“硕士”人群与“博士”人群之间差距最大，达13.9%；在认为最近一次数字化阅读“效率不高有点收获”的人群中，“本科”人群与“博士”人群之间差距最大，达16.8%；在认为最近一次数字化阅读“除去计划中的阅读目的，还有其他意外收获”的人群中，“博士”人群与“大专”人群之间差距最大，达17.1%。

调查数据还显示，“高中及以下”“大专”“本科”“硕士”人群，对最近一次数字化阅读最大的感受是“能达到自己的阅读目的，很有收获”，但是“博士”却大多认为最近一次数字化阅读“浪费时间，基本没什么收获”，至于是什么原因导致其有这样的感受，有待于进一步的调查研究。具体情况如表2-27所示：

表2-27 不同受教育程度人群对最近一次数字化阅读的感受

受教育程度	浪费时间，基本没什么收获	能达到自己的阅读目的，很有收获	效率不高有点收获	除去计划中的阅读目的，还有其他意外收获
高中及以下	17.0%	37.9%	34.2%	10.9%
大专	16.9%	41.3%	32.5%	9.3%
本科	14.7%	40.3%	34.7%	10.3%
硕士	14.2%	41.3%	31.3%	13.2%
博士	28.3%	27.4%	17.9%	26.4%

2.8.2.6 城乡居民对最近一次数字化阅读的感受

调查数据显示，城乡居民对最近一次数字化阅读的主要感受是“能达到自己的阅读目的，很有收获”（城市居民占39.8%，农村居民占37.0%），另外认为“除去计划中的阅读目的，还有其他意外收获”的城市居民占11.0%，农村居民占10.2%，需要引起我们注意的是，认为最近一次数字化阅读“效率不高有点收获”的，城市居民占33.2%，农村居民占35.4%，这说明不同区域人群对于最近一次的数字化阅读的效果还需改善。不同区域人群之间，对于最近一次数字化阅读的感受不存在明显差异，差距都在3.0%以内。具体情况如图2-28所示：

表2-28 城乡居民对最近一次数字化阅读的感受

区域	浪费时间，基本没什么收获	能达到自己的阅读目的，很有收获	效率不高有点收获	除去计划中的阅读目的，还有其他意外收获
城市	16.0%	39.8%	33.2%	11.0%
农村	17.4%	37.0%	35.4%	10.2%

2.8.3 重庆市民认为数字化阅读存在的不足

2.8.3.1 重庆市民认为数字化阅读存在的不足总况

调查数据显示,2016年重庆市民认为数字化阅读的主要不足是“有辐射,不健康”所占比例达到25.7%,比第二大不足的“注意力极易分散,容易变成浅阅读”高出6.8%;数字化阅读中除“其他”之外的几个不足中,所占比例都在16.0%左右,且差异不明显。具体情况如图2-20所示:

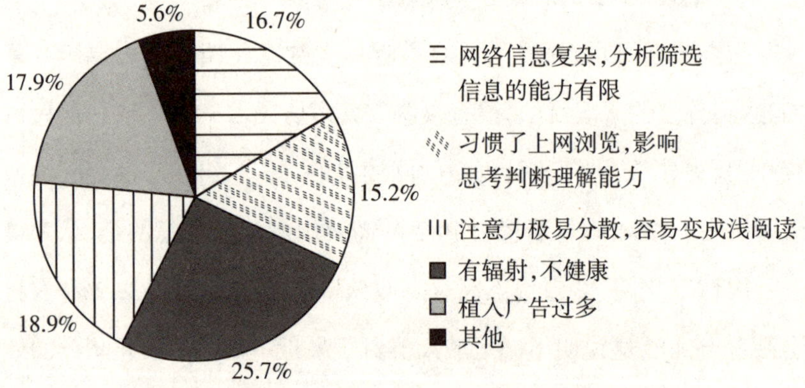

图2-20 重庆市民认为数字化阅读存在的不足总况

2.8.3.2 不同性别人群对数字化阅读不足的看法

调查数据显示,不同性别人群认为数字化阅读的最大不足是“有辐射,不健康”,男性占24.5%,女性占26.8%,这说明还需改进数字化阅读载体。普遍认为数字化阅读的第二大不足是“注意力极易分散,容易变成浅阅读”,男性占19.2%,女性占18.7%。不同性别人群之间,认为数字化阅读的不足,不存在显著差异,差距都在3.0%以内。具体情况如表2-29所示:

表2-29 不同性别人群对数字化阅读不足的看法

性别	网络信息复杂，分析筛选信息的能力有限	习惯了上网浏览，影响思考判断理解能力	有辐射，不健康	注意力极易分散，容易变成浅阅读	植入广告过多	其他
男	16.5%	16.2%	24.5%	19.2%	17.7%	5.9%
女	16.8%	14.4%	26.8%	18.7%	18.0%	5.3%

2.8.3.3 不同年龄段人群对数字化阅读不足的看法

如表2-30所示，各年龄段的人群，对数字化阅读各种不足的看法基本一致，其所占比例也比较接近。其中都认为"有辐射，不健康"是数字化阅读的主要不足，以年龄最长的"50岁以上"的人群所占比例较高，可见年长的人更注重健康阅读。"19~25岁"的读者相较于其他年龄段的人群更加注重思考判断理解力的提高（17.5%），对数字化阅读各项不足的看法比较平均，差异不明显。具体情况如表2-30所示：

表2-30 不同年龄段人群对数字化阅读不足的看法

年龄段	网络信息复杂，分析筛选信息的能力有限	习惯了上网浏览，影响思考判断理解能力	有辐射，不健康	注意力极易分散，容易变成浅阅读	植入广告过多	其他
19岁以下	16.3%	13.5%	26.5%	19.2%	18.6%	5.9%
19~25岁	18.6%	17.5%	22.6%	20.5%	16.6%	4.2%
26~35岁	16.3%	17.4%	24.9%	18.0%	19.4%	4.0%
36~50岁	15.3%	14.3%	28.5%	17.8%	17.4%	6.7%
50岁以上	15.8%	12.1%	28.9%	17.1%	16.5%	9.6%

2.8.3.4 不同职业人群对数字化阅读不足的看法

调查数据显示，不同职业人群对数字化阅读不足的看法存在明显差异。在数字化阅读“网络信息复杂，分析筛选信息的能力有限”这个不足上，“外来务工人员”与“其他”人群之间差距最大，达8.8%；在数字化阅读“习惯了上网浏览，影响思考判断理解能力”这个不足上，“技术人员”与“农民”之间差距最大，达4.7%；不同职业人群，都认为“有辐射，不健康”是数字化阅读最大的不足，“农民”与“技术人员”对此看法差别是最大的，达7.7%；在数字化阅读“注意力极易分散，容易变成浅阅读”这个不足上，“机关事业单位人员”与“自由职业者”之间差距最大，达6.2%；在数字化阅读“植入广告过多”这个不足上，“企业员工”与“机关事业单位人员”之间差距最大，达5.8%；在“其他”不足上，“农民”与“技术人员”之间差距最大，达到7.4%。具体情况如表2-31所示：

表2-31　不同职业人群对数字化阅读不足的看法

职　业	网络信息复杂，分析筛选信息的能力有限	习惯了上网浏览，影响思考判断理解能力	有辐射，不健康	注意力极易分散，容易变成浅阅读	植入广告过多	其他
学生	17.0%	14.5%	25.5%	19.9%	18.3%	4.8%
外来务工人员	20.1%	14.4%	27.2%	16.9%	15.8%	5.6%
机关事业单位人员	18.0%	17.5%	23.0%	21.5%	14.2%	5.8%
农民	14.3%	13.7%	29.7%	15.8%	16.1%	10.4%
企业员工	15.0%	17.1%	25.3%	18.2%	20.0%	4.4%
技术人员	18.2%	18.4%	22.0%	20.5%	17.9%	3.0%
自由职业者	17.4%	15.0%	27.6%	15.3%	18.2%	6.5%
其他	11.3%	13.9%	28.3%	17.6%	19.3%	9.6%

2.8.3.5不同受教育程度人群对数字化阅读不足的看法

调查数据显示，在数字化阅读“网络信息复杂，分析筛选信息的能力有限”这个不足上，随着教育程度的提升，其所占比重逐渐增加；在数字化阅读“习惯了上网浏览，影响思考判断理解能力”这个不足上，“大专”与“博士”之间差距最大，达6.7%；在数字化阅读“有辐射，不健康”这个不足上，“高中及以下”人群与“硕士”之间差距最大，达7.4%；在数字化阅读“注意力极易分散，容易变成浅阅读”这个不足上，“硕士”与“高中及以下”人群之间差距最大，达5.7%；在数字化阅读“植入广告过多”这个不足上，不同受教育程度人群之间不存在显著差异；在“其他”不足方面，不同受教育程度人群之间也不存在显著差异。

调查数据还显示，“高中及以下”“大专”“本科”“博士”人群大都认为，数字化阅读最大的不足是“有辐射，不健康”，只有“硕士”人群认为数字化阅读最大的不足是“注意力极易分散，容易变成浅阅读”，至于是什么原因导致这样的差异，还有待于进一步调查研究。具体情况如表2-32所示：

表2-32　不同受教育程度人群对数字化阅读不足的看法

受教育程度	网络信息复杂，分析筛选信息的能力有限	习惯了上网浏览，影响思考判断理解能力	有辐射，不健康	注意力极易分散，容易变成浅阅读	植入广告过多	其他
高中及以下	15.8%	13.4%	28.2%	17.8%	18.4%	6.4%
大专	16.2%	18.1%	23.8%	18.2%	18.4%	5.3%
本科	18.3%	17.1%	22.4%	21.3%	17.0%	3.9%
硕士	19.1%	17.5%	20.8%	23.5%	15.2%	3.9%
博士	23.1%	11.4%	23.5%	19.6%	16.5%	5.9%

2.8.3.6 城乡居民对数字化阅读不足的看法

调查数据显示,城乡居民认为数字化阅读最大的不足是“有辐射,不健康”,城市居民占24.9%,农村居民占27.8%,这说明还需改进数字化阅读载体。城乡居民认为数字化阅读的第二大不足是“注意力极易分散,容易变成浅阅读”,城市居民占19.5%,农村居民占17.7%。不同区域人群之间,认为数字化阅读的不足,不存在显著差异,差距都在3.0%以内。具体情况如表2-33所示:

表2-33　城乡居民对数字化阅读不足的看法

区域	网络信息复杂,分析筛选信息的能力有限	习惯了上网浏览,影响思考判断理解能力	有辐射,不健康	注意力极易分散,容易变成浅阅读	植入广告过多	其他
城市	16.9%	15.0%	24.9%	19.5%	18.3%	5.4%
农村	16.4%	15.3%	27.8%	17.7%	17.0%	5.8%

第三章
重庆市公共文化设施配置状况

3.1 居住地附近公共文化设施配置状况

3.1.1 居住地附近公共文化设施配置总况

针对居住地附近公共文化设施的配置状况，如图3-1所示，在拥有公共文化设施的地方，各种公共文化设施相对分配较为平均，占比最多的“公共图书馆”和较低的“报刊亭”相差不到5.0%。然而，一个不容忽视的重要指标，“基本没有该设施”竟多达17.1%，这在一定程度上说明：全市仍有很多地方至今没有基本的公共文化设施，换句话说,全市的公共文化设施布局差异较大,硬件建设亟待改善。

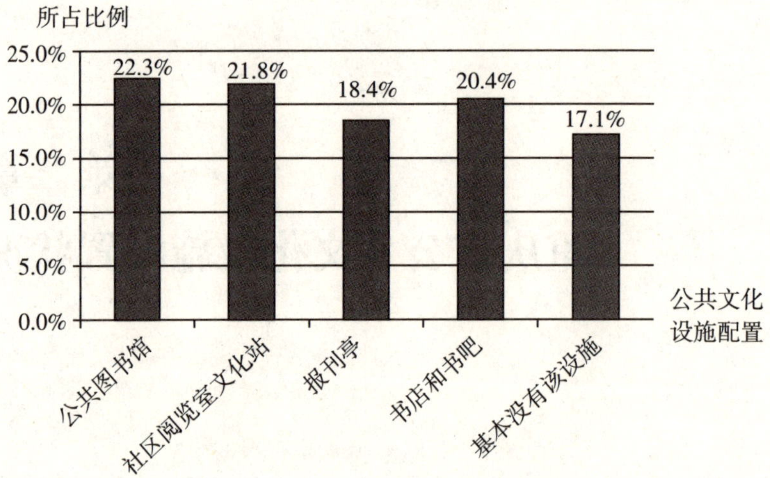

图3-1　居住地附近公共文化设施配置总况

3.1.2 城乡公共文化设施配置

调查数据显示,在"公共图书馆""报刊亭""书店和书吧"这三项公共文化设施配置上,城市占比高于农村,但是差异不大,差距都在6.0%以内;在"社区阅览室文化站"这项公共文化设施配置上,农村占比高于城市,但是仅相差0.3%,总体而言城市公共文化设施配置状况比农村好。需要注意的是,在"基本没有该设施"这一选项上,农村占比高于城市占比,相差8.6%,这说明农村地区的公共文化设施还需完善。具体情况如图3-2所示:

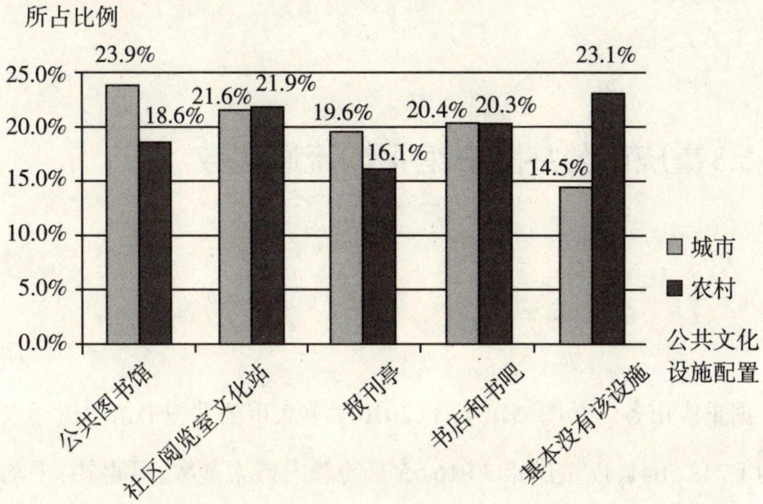

图3-2 城乡公共文化设施配置状况

3.2 重庆市公共图书馆人均藏书量

以重庆图书馆提供的数据为依据，到2016年底，重庆市公共图书馆的总藏书量为14 418 340册，以重庆市3 016.55万总人口为基数，可得知：人均藏书量约为0.5册。

3.3 重庆市公共图书馆平均流通次数

据重庆市各区县图书馆统计，2016年重庆市公共图书馆总流通人次为1 248 5041，以重庆市3 016.55万的总人口为基数，可得知：平均每2.4人就有1人去过一次公共图书馆。

3.4 重庆市民认为公共图书配置存在的不足

3.4.1 重庆市民认为公共图书配置存在的不足总况

如图3-3所示，就“公共图书配置的不足”而言，在所列出的各种不足中，“离家距离远”是最大的不足，占比达25.0%，其次是“图书种类稀少”，占比达21.1%，可见，在公共图书配置存在的各种不足中，

“空间距离”和“图书种类”是两个主要元素，属于硬件建设方面的内容，急需得到改善；同时，读者认为“服务人员态度不好”，这占到6.7%，这说明，对服务人员加强服务意识和服务态度教育，同样需要。

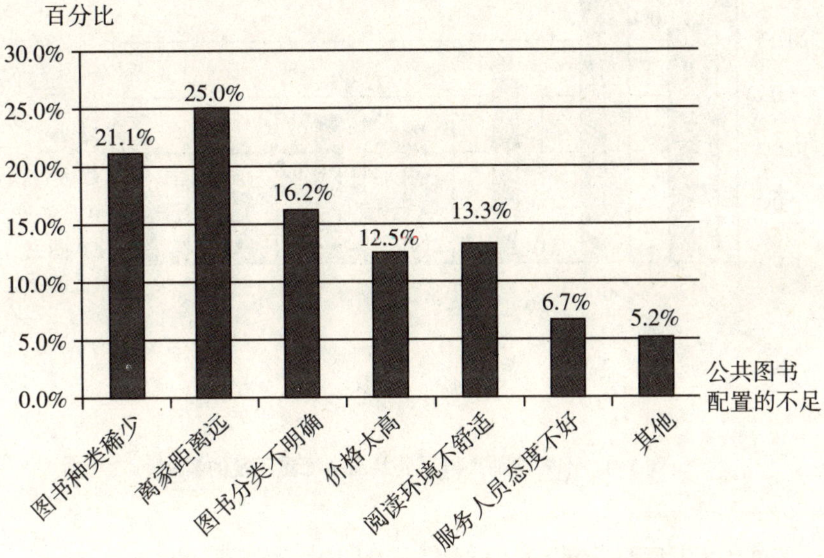

图3-3　重庆市民认为公共图书配置存在的不足总况

3.4.2 不同性别人群对公共图书配置不足的看法

调查数据显示，不同性别人群认为公共图书配置的不足主要有“离家距离远”（男性占比25.1%、女生占比24.9%）、“图书种类稀少”（男性占比21.3%、女性占比21.0%）和“图书分类不明确”（男性占比15.9%、女性占比16.4%）。在“图书分类不明确”“阅读环境不舒适”这两项上，女性所占比略高于男性，在其他几项不足中男性所占比重均略高于女性，但是从整体来看，不同性别人群对公共图书配置不足的各种看法，不存在明显差别，差距都在2.0%以内。具体情况如图3-4所示：

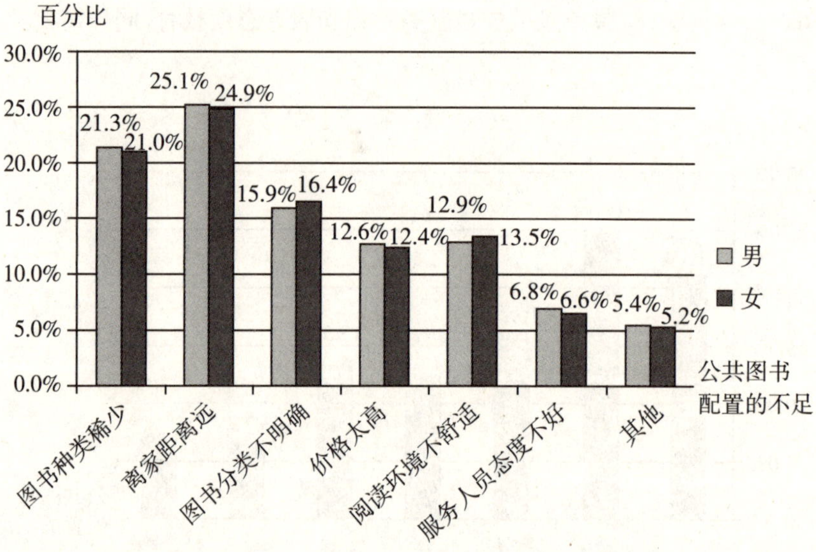

图3-4 不同性别人群对公共图书配置不足的看法

3.4.3 不同年龄段人群对公共图书配置不足的看法

调查数据显示，不同年龄段人群都认为公共图书配置的最大不足是"离家距离远"；在"图书分类不明确" 这项不足中，其所占比重随着年龄段的增长而减少；在"价格太高"这项不足中，其所占比重以"19~25岁"为分界线，在此之前其所占比重随年龄段的增长而减少，在此之后其所占比重随年龄段的增长而增加；在"阅读环境不舒适"这项不足中，其所占比重以"19~25岁"为分界线，在此之前其所占比重随年龄段的增长而增加，在此之后其所占比重随年龄段的增长而减少。

在"36~50岁"及其之前的群众都认为公共图书配置的三大不足是

"图书种类稀少""离家距离远""图书分类不明确",但是"50岁以上"人群认为公共图书配置三大主要不足是"图书种类稀少""离家距离远""价格太高"。总体而言,不同年龄段人群对于公共图书配置不足的看法,不存在显著差异,差距都在6.0%以内。具体情况如表3-1所示:

表3-1 不同年龄段人群对公共图书配置不足的看法

年龄段	图书种类稀少	离家距离远	图书分类不明确	价格太高	阅读环境不舒适	服务人员态度不好	其他
19岁以下	22.0%	23.7%	16.9%	11.7%	13.8%	6.4%	5.5%
19~25岁	22.6%	23.5%	16.8%	11.3%	14.1%	7.4%	4.3%
26~35岁	19.4%	26.3%	16.7%	13.2%	13.0%	6.5%	4.9%
36~50岁	19.3%	26.2%	15.0%	14.1%	12.8%	6.2%	6.4%
50岁以上	19.7%	29.1%	13.0%	14.5%	10.3%	6.6%	6.8%

3.4.4 不同职业人群对公共图书配置不足的看法

调查数据显示,认为公共图书"图书种类稀少"的人群中,"学生"与"自由职业者"之间差距最大,达5.0%;认为公共图书配置"离家距离远"的人群中,"自由职业者"与"学生"差距最大,达6.7%;认为公共图书"图书分类不明确"的人群中,"机关事业单位人员"与"其他"人群之间差距最大,达5.3%;认为公共图书"价格太高"的人群中,"农民"与"机关事业单位人员"之间差距最大,达4.6%;认为公共图书配置"阅读环境不舒适"的人群中,"企业员工"与"外来务工人员"之间差距最大,达5.4%;认为公共图书"服务人员态度不好"的人群中,"外来务工人员”与“自由职业者”之间差距最大，达4.2%；在公共图书配置“其他”不足中，“其他”人员与“企业员工”之间差距最大，达5.6%。总体而言，不同职业人群对于公共图书配置不足的看法，不存在明显差别，差距都在7.0%以内。具体情况如表3-2所示：

表3-2 不同职业人群对公共图书配置不足的看法

职 业	图书种类稀少	离家距离远	图书分类不明确	价格太高	阅读环境不舒适	服务人员态度不好	其他
学生	22.6%	23.2%	17.0%	11.7%	13.9%	6.5%	5.1%
外来务工人员	20.2%	27.8%	16.4%	12.2%	10.2%	9.3%	3.9%
机关事业单位人员	19.9%	24.5%	18.1%	10.8%	12.3%	8.4%	6.0%
农民	18.3%	27.8%	13.4%	15.4%	11.7%	7.1%	6.3%
企业员工	21.6%	24.0%	17.2%	12.5%	15.6%	6.0%	3.1%
技术人员	21.5%	24.0%	18.0%	12.5%	13.1%	6.9%	4.0%
自由职业者	17.6%	29.9%	13.4%	13.8%	13.8%	5.1%	6.4%
其他	20.0%	27.3%	12.8%	14.7%	10.7%	5.8%	8.7%

3.4.5不同受教育程度人群对公共图书配置不足的看法

调查数据显示，认为公共图书配置“图书分类不明确”的比重，随受教育程度的提升，其所占比重逐渐增加；认为公共图书配置“价格太高”的比重随受教育程度的提升，其所占比重逐渐减少，总体而言，不同受教育程度人群，认为公共图书配置最主要的三个不足都是“离家距离远”“图书种类少”“图书分类不明确”；并且，不同受教育程度人群，对这三个公共图书配置不足的看法，不存在明显差别，差距都在9.0%以内。具体情况如图3-3所示：

表3-3　不同受教育程度人群对公共图书配置不足的看法

受教育程度	图书种类稀少	离家距离远	图书分类不明确	价格太高	阅读环境不舒适	服务人员态度不好	其他
高中及以下	21.3%	25.1%	15.2%	12.9%	13.5%	6.2%	5.8%
大专	19.5%	26.8%	16.6%	12.5%	13.1%	7.3%	4.2%
本科	22.0%	23.4%	17.3%	12.2%	13.2%	7.2%	4.7%
硕士	22.4%	23.8%	22.6%	8.8%	12.1%	6.5%	3.8%
博士	17.2%	28.2%	23.4%	8.1%	8.6%	10.5%	4.0%

3.4.6 城乡居民对公共图书配置不足的看法

调查数据显示，不同区域人群认为公共图书配置的不足主要有"离家距离远"（城市占比24.5%、农村占比25.7%）、"图书种类稀少"（城市占比21.6%、农村占比20.3%）、"图书分类不明确"（城市占比17.3%、农村占比14.3%）；在"图书种类稀少""图书分类不明确"这两项不足中，城市占比略高于农村，除此之外，在其他各项不足中农村所占比重均高于城市；不同区域人群，对于公共图书配置不足的看法不存在明显差别，差距都在3.0%以内。具体情况如图3-5所示：

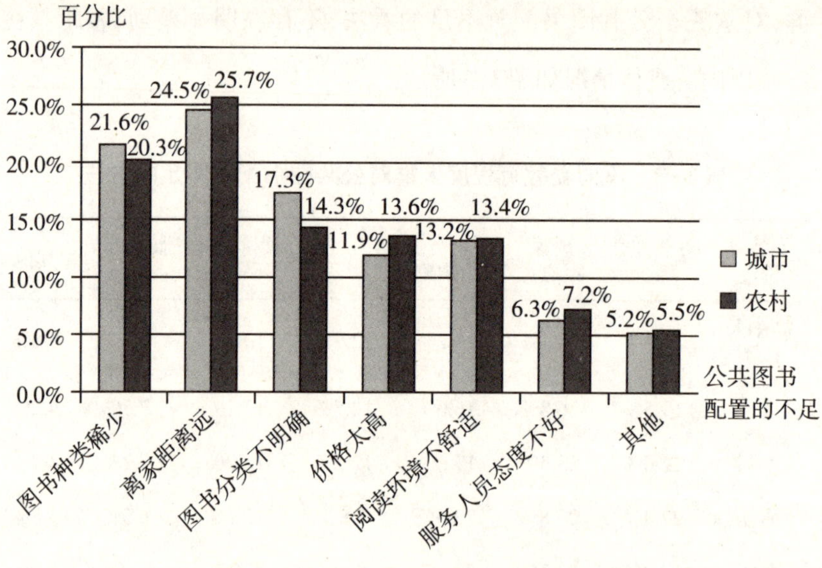

图3-5　城乡居民对公共图书配置不足的看法

3.5 重庆市民对阅读设施的满意度

3.5.1 重庆市民对阅读设施的满意度总况

如图3-6所示，重庆市民对阅读设施的满意度曲线，表现为"橄榄球"模样："满意"和"一般"这两个选择的比例高达71.6%；"不满意"和"很满意"的比值非常接近。其中，"不满意"占11.4%，"很满意"仅比"不满意"高出0.7%。值得注意的是："非常不满意"占4.9%；认为阅读设施"一般"与"非常不满意"之间差距最大，达32.8%。整体而言，重庆市民对阅读设施较为满意。

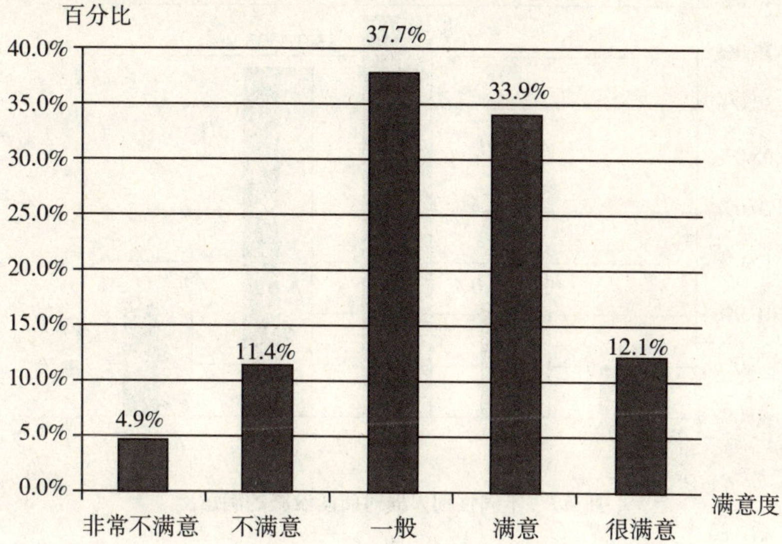

图3-6　重庆市民对阅读设施的满意度总况

3.5.2 不同性别人群对阅读设施的满意度

调查数据显示，不同性别人群对阅读设施的主体评价是“一般”(男性占比36.7%，女性占比38.7%)，男性对阅读设施的满意度(包括“满意”“很满意”)为46.3%，女性对阅读设施的满意度(包括“满意”“很满意”)为45.4%，男性与女性对阅读设施的评价差别不大，差距都在2.0%以内。总体而言，不同性别人群对阅读设施都是满意的。具体情况如图3-7所示：

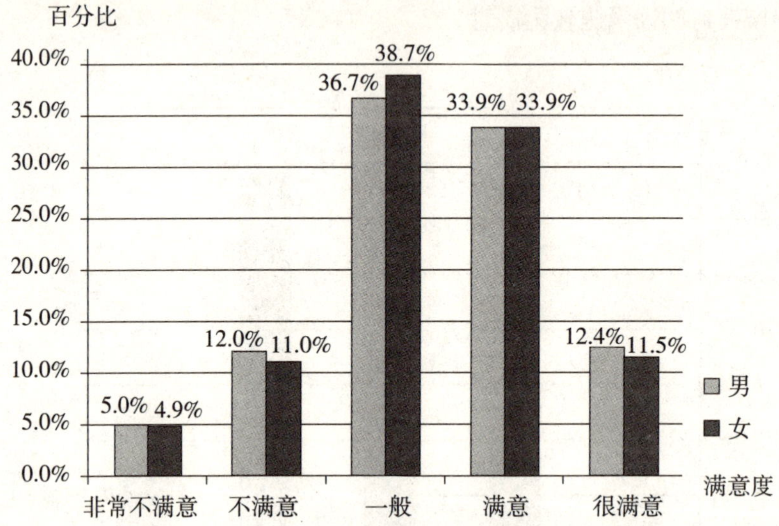

图 3-7　不同性别人群对阅读设施的满意度

3.5.3 不同年龄段人群对阅读设施的满意度

调查数据显示,对阅读设施满意("满意"和"很满意")的人群中,"19岁以下"人群占比较高,"19~25岁"人群占比较低,但是,在"19~25岁"之后,人们对阅读设施的满意度,随着年龄段的增长而增加。各年龄段人群对阅读设施的满意状况,具体如下:"19岁以下"人群占比51.2%,"19~25岁"人群占比38.4%,"26~35岁"人群占比45.2%,"36~50岁"人群占比45.7%,"50岁以上"人群占比47.8%。

调查数据还显示,对阅读设施不满意(包括"非常不满意"和"不满意")的人群中,"50岁以上"人群占比较低,"19~25岁"人群占比较高,但是,在"19~25岁"之后,人们对阅读设施的不满意程度,随着年龄段的增长而降低。各年龄段人群对阅读设施不满意度,具体如下:"19岁以下"人群占比15.2%,"19~25岁"人群占比20.4%,"26~35岁"人群占比16.1%，“36~50岁”人群占比14.9%，“50岁以上”人群占比13.6%。综上所述，“19~25岁”人群对阅读设施最不满意。具体情况如表3-4所示：

表3-4　不同年龄段人群对阅读设施的满意度

年龄段	非常不满意	不满意	一般	满意	很满意
19岁以下	6.1%	9.1%	33.6%	33.0%	18.2%
19~25岁	6.2%	14.2%	41.2%	29.9%	8.5%
26~35岁	3.5%	12.6%	38.7%	35.8%	9.4%
36~50岁	3.2%	11.7%	39.4%	36.6%	9.1%
50岁以上	3.7%	9.9%	38.6%	38.3%	9.5%

3.5.4不同职业人群对阅读设施的满意度

调查数据显示，对阅读设施满意（包括“满意”和“很满意”）的人群中，“机关事业单位人员”人群占比较高，“农民”人群占比较低。不同职业人群对阅读设施满意的状况，具体如下：“学生”人群占比47.8%，“外来务工人员”占比45.7%，“机关事业单位人员”人群占比49.5%，“农民”占比36.7%，“企业员工”占比47.3%，“技术人员”占比45.1%，“自由职业者”占比42.9%，“其他”人员占比43.9%。

调查数据还显示，对阅读设施不满意（包括“非常不满意”和“不满意”）的人群中，“技术人员”人群占比较低，“农民”人群占比较高。不同职业人群对阅读设施不满意度，具体如下：“学生”人群占比16.7%，“外来务工人员”占比19.7%，“机关事业单位人员”人群占比14.4%，

“农民”占比24.9%,“企业员工”占比13.9%,“技术人员”占比13.4%,“自由职业者”占比14.2%,“其他”人员占比14.6%。具体情况如表3-5所示:

表3-5 不同职业人群对阅读设施的满意度

职 业	非常不满意	不满意	一般	满意	很满意
学生	6.0%	10.7%	35.5%	32.3%	15.5%
外来务工人员	5.3%	14.4%	34.6%	34.4%	11.3%
机关事业单位人员	4.7%	9.7%	36.1%	39.9%	9.6%
农民	6.2%	18.7%	38.4%	26.4%	10.3%
企业员工	3.6%	10.3%	38.8%	38.8%	8.5%
技术人员	3.2%	10.2%	41.5%	35.7%	9.4%
自由职业者	3.4%	10.8%	42.9%	36.1%	6.8%
其他	3.0%	11.6%	41.5%	33.6%	10.3%

3.5.5不同受教育程度人群对阅读设施的满意度

调查数据显示,对阅读设施满意(包括“满意”和“很满意”)的人群中,“博士”人群占比较高,“大专”人群占比较低。但是,在“大专”之后,人们对阅读设施的满意度,随着教育程度的提高而增长。不同受教育程度人群对阅读设施满意的状况,具体如下:“高中及以下”人群占比46.7%,“大专”人群占比42.9%,“本科”人群占比44.6 %,“硕士”人群占比51.4%,“博士”人群占比67.5%。

调查数据还显示,对阅读设施不满意(包括“非常不满意”和“不满意”)的人群中,“硕士”人群占比较低,“本科”人群占比较高。不同受教育程度人群对阅读设施不满意的状况，具体如下："高中及以下"人群占比16.2%，"大专"人群占比16.2%，"本科"人群占比17.5%，"硕士"人群占比13.4%，"博士"人群占比13.6%。具体情况如表3-6所示：

表3-6 不同受教育程度人群对阅读设施的满意度

受教育程度	非常不满意	不满意	一般	满意	很满意
高中及以下	4.9%	11.3%	37.1%	32.4%	14.3%
大专	4.3%	11.9%	40.9%	33.7%	9.2%
本科	5.2%	12.3%	37.9%	37.4%	7.2%
硕士	5.1%	8.3%	35.2%	36.0%	15.4%
博士	6.8%	6.8%	18.9%	35.1%	32.4%

3.5.6城乡居民对阅读设施的满意度

如图3-8所示，在"满意""很满意"这两个区间，城市居民占总体比值的55.6%，高于农村16.2%；在"一般""不满意""非常不满意"这三个区间，农村所占比值均高于城市；城市居民对阅读设施的满意度普遍高于农村居民；值得注意的是，在"满意""很满意"这两个选择中，城市都高于农村5.0%及其以上。

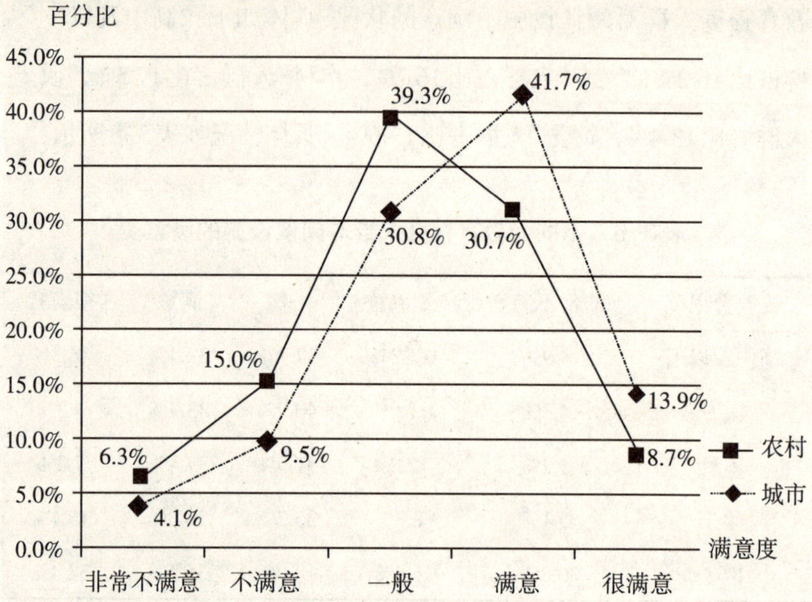

图3-8　城乡居民对阅读设施的满意度

3.6 重庆市民对阅读环境的满意度

3.6.1 重庆市民对阅读环境的满意度总况

如图3-9所示，整体而言重庆市民对于阅读环境较为满意。对阅读环境表示“很满意”和“满意”的，合计达到47.0%；对阅读环境感觉“一般”的，达到38.4%；对阅读环境表示“不满意”和“非常不满意”的重庆市民，占14.6%。这表明，重庆市民对阅读环境的总体感觉比较满意，但并不意味着咱们的阅读环境改善可以就此停止。

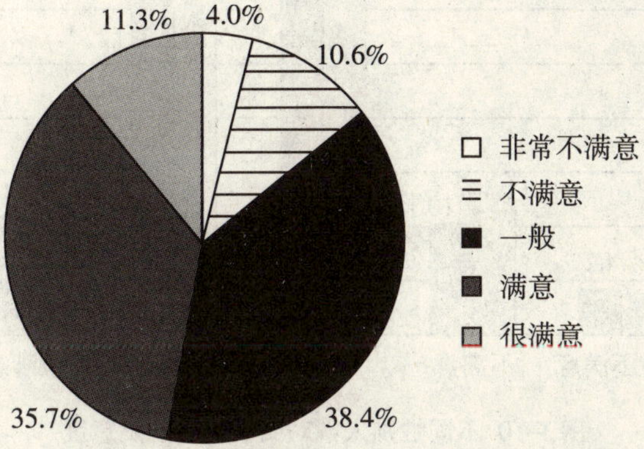

图3-9　重庆市民对阅读环境的满意度总况

3.6.2 不同性别人群对阅读环境的满意度

调查数据显示，不同性别人群对阅读环境的主体评价是“一般”（男性占比38.3%，女性占比38.5%），男性对阅读环境的满意度（包括“满意”和“很满意”）为46.6%，女性对阅读环境的满意度（包括“满意”和“很满意”）为47.2%，总体而言，不同性别人群对阅读环境是满意的。男性与女性对阅读环境的评价差别不大，差距都在2.0%以内。具体情况如图3-10所示：

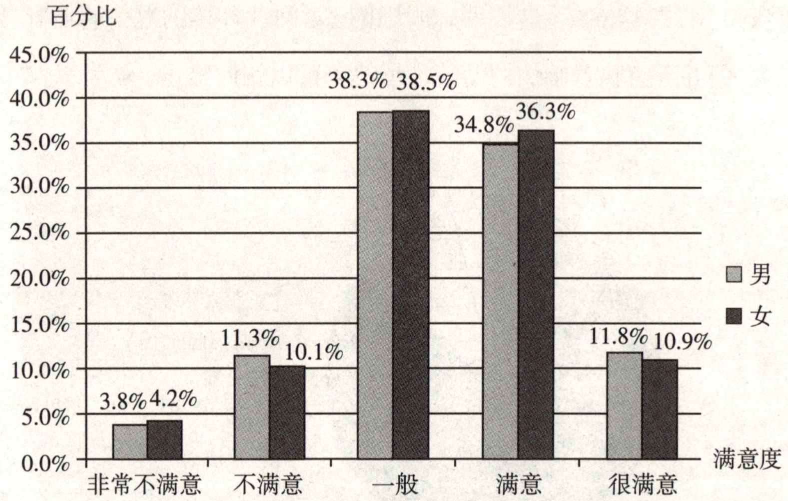

图3-10 不同性别人群对阅读环境的满意度

3.6.3不同年龄段人群对阅读环境的满意度

如表3-7显示,对阅读环境满意(包括“满意”和“很满意”)的人群中,“19岁以下”人群占比较高,“19~25岁”人群占比较低,但是,在“19~25岁”之后,人们对阅读环境的满意度,随着年龄的增长而增长。各年龄段人群对阅读环境的满意状况,具体如下:“19岁以下”人群占比52.3%,“19~25岁”人群占比41.0%,“26~35岁”人群占比44.5%,“36~50岁”人群占比46.0%,“50岁以上”人群占比49.2%。

调查数据还显示,对阅读环境不满意(包括“非常不满意”和“不满意”)的人群中,“50岁以上”人群占比较低,“19~25岁”人群占比较高,但是,在“19~25岁”之后,人们对阅读环境的满意度,随着年龄的增长而减少。各年龄段人群对阅读环境不满意的状况,具体如下:“19岁以下”人群占比13.5%,“19~25岁”人群占比18.1%,“26~35岁”人群占比14.8%,“36~50岁”人群占比13.4%,“50岁以上”人群占比12.4%。

综上所述，“19岁以下”人群对阅读环境的满意度较高，“19~25岁”人群占比较低，但是，在“19~25岁”之后，人们对阅读环境的满意度，随着年龄的增长而增长。具体情况如表3-7所示：

表3-7　不同年龄段人群对阅读环境的满意度

年龄段	非常不满意	不满意	一般	满意	很满意
19岁以下	5.0%	8.5%	34.2%	35.0%	17.3%
19~25岁	5.0%	13.1%	40.9%	33.0%	8.0%
26~35岁	2.8%	12.0%	40.7%	36.1%	8.4%
36~50岁	2.3%	11.1%	40.6%	38.2%	7.8%
50岁以上	3.4%	9.0%	38.4%	38.4%	10.8%

3.6.4 不同职业人群对阅读环境的满意度

调查数据显示，选择“很满意”最多的是学生，占14.6%，选择该项的企业员工仅占6.0%，二者相差8.6%，说明学校的阅读环境比企业好。选择“满意”项最多的是技术人员，达38.5%，选择该项的农民仅占27.4%，二者相差11.1%，说明农村的阅读环境亟待改善；选择“一般”最多的是农民，达42.3%，选择该项的学生为36.3%，二者相差6.0%；对阅读环境“不满意”占比最多的是农民，占16.7%，占比最少的是机关事业单位人员，为9.2%，二者相差7.5%；认为阅读环境“非常不满意”的人群中占比最多的是农民，占5.6%，最少的是技术人员，占2.0%，二者相差3.6%。综上可见，不同职业人群对阅读环境的满意度差异明显，这些差异性的缘起，一方面与重庆市民的知识结构、收入水平等密切相关，另一方面与不同职业人群所在空间阅读设施的配置有关，具体情况见表3-8。

表3-8 不同职业人群对阅读环境的满意度

职业	非常不满意	不满意	一般	满意	很满意
学生	4.7%	9.4%	36.3%	35.0%	14.6%
外来务工人员	3.7%	12.2%	38.0%	34.8%	11.3%
机关事业单位人员	5.0%	9.2%	37.9%	38.4%	9.5%
农民	5.6%	16.7%	42.3%	27.4%	8.0%
企业员工	2.9%	11.8%	42.0%	37.3%	6.0%
技术人员	2.0%	10.6%	39.3%	38.5%	9.6%
自由职业者	2.5%	12.0%	40.4%	37.8%	7.3%
其他	2.7%	9.4%	40.3%	36.9%	10.7%

3.6.5不同受教育程度人群对阅读环境的满意度

调查数据显示,对阅读环境满意(包括“满意”和“很满意”)的人群中,“博士”人群占比较高达64.9%,“本科”人群占比较低达44.2%;对阅读环境不满意(包括“非常不满意”和“不满意”)的人群中,“博士”人群占比较低,达10.8%,“本科”人群占比较高,达15.4%。综上所述,“博士”人群对阅读环境的满意度较高,“本科”人群对阅读环境的满意度较低。“本科”及以下受教育程度人群,对阅读环境的评价,占比较高的是“一般”,“硕士”及以上受教育程度人群,对阅读环境的评价,占比较高的是“满意”。具体情况如表3-9所示:

表3-9 不同受教育程度人群对阅读环境的满意度

受教育程度	非常不满意	不满意	一般	满意	很满意
高中及以下	4.2%	10.4%	37.4%	34.6%	13.4%
大专	3.9%	10.6%	41.0%	36.1%	8.4%

续表

受教育程度	非常不满意	不满意	一般	满意	很满意
本科	3.4%	12.0%	40.4%	36.5%	7.7%
硕士	6.3%	6.7%	32.4%	42.7%	11.9%
博士	2.7%	8.1%	24.3%	41.9%	23.0%

3.6.6 城乡居民对阅读环境的满意度

调查数据显示，城乡居民对阅读环境的主体评价是“一般”（城市居民占比36.5%，农村居民占比41.6%），城市居民对阅读环境的满意度（包括“满意”和“很满意”）为50.7%，农村居民对阅读环境的满意度（包括“满意”和“很满意”）为40.5%，总体而言，城乡居民对阅读环境是满意的。城市居民与农村居民对阅读环境的评价差别不大，差距都在6.0%以内。具体情况如图3-11所示：

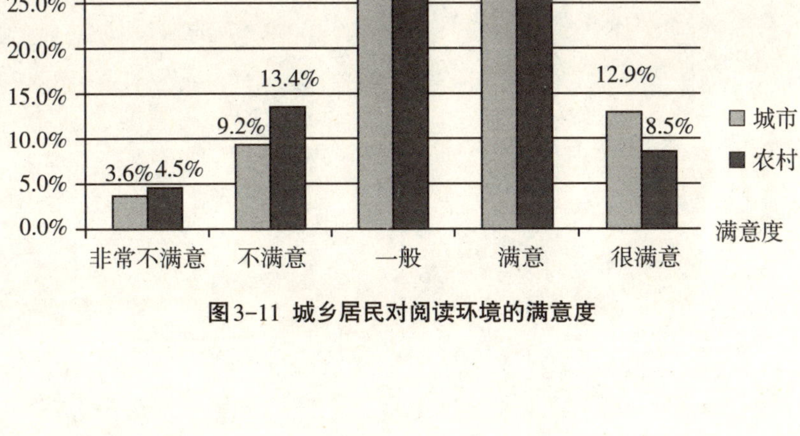

图3-11 城乡居民对阅读环境的满意度

第四章
重庆市民对自我阅读状况与购书环境的满意度

4.1 重庆市民对自我阅读状况的满意度

4.1.1 重庆市民对自我阅读状况的满意度总况

如图4-1所示，2016年重庆市民对自我阅读的满意度总体而言达到中等偏上的水平。其中，选择“很满意”的占9.7%，选择“满意”的占33.3%。重庆市民对自我阅读状况的满意度（包括“满意”和“很满意”）是43.0%；四成多的重庆市民对自我阅读状况的评价是“一般”，占41.3%；对自我阅读状况“不满意”的重庆市民占11.6%，“非常不满意”的占4.1%。可见，重庆市民对自我阅读的总体满意度并不高。

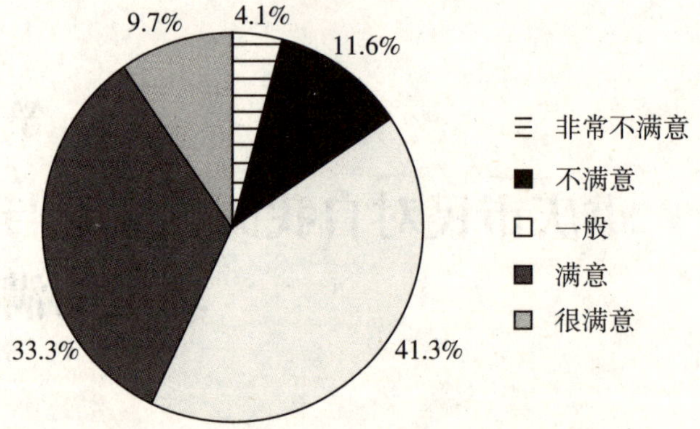

图4-1 重庆市民对自我阅读状况的满意度总况

4.1.2 不同性别人群对自我阅读状况的满意度

调查数据显示，2016年男性与女性对自我阅读状况的主要评价是“一般”，男性占比41.6%，女性占比41.2%。男性与女性对自我阅读状况的满意度（包括“满意”和“很满意”）分别是43.3%、42.8%；男性与女性对自我阅读状况不满意（包括“不满意”和“非常不满意”）的比例分别是15.1%、16.0%。整体来看，男性与女性对自我阅读状况的评价差别不大，差距都在1.0%以内。具体情况如图4-2所示：

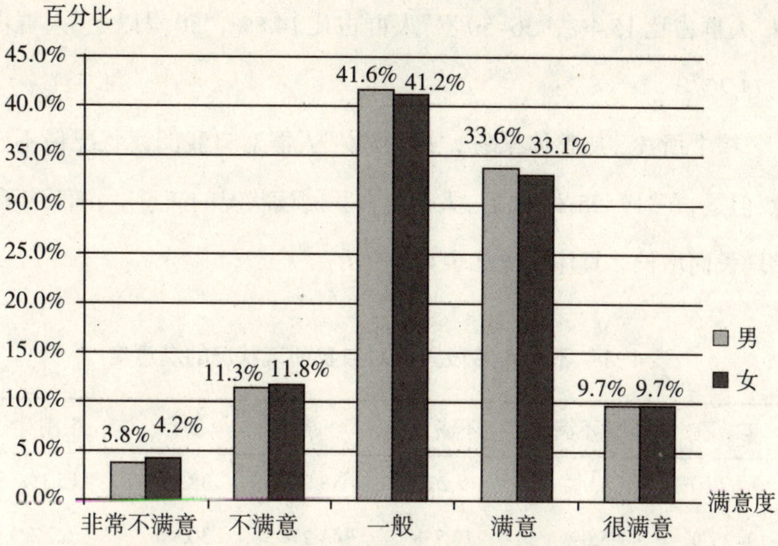

图4-2 不同性别人群对自我阅读状况的满意度

4.1.3 不同年龄段人群对自我阅读状况的满意度

调查数据显示，对自我阅读状况满意（包括“满意”和“很满意”）的人群中，“50岁以上”人群占比较高，“19~25岁”人群占比较低，但是，在“19~25岁”之后，人们对自我阅读状况的满意度，随着年龄段的增长而增长。各年龄段人群对自我阅读状况的满意度，具体如下：“19岁以下”人群占比47.7%，“19~25岁”人群占比37.1%，“26~35岁”人群占比40.5%，“36~50岁”人群占比41.2%，“50岁以上”人群占比48.8%。

调查数据还显示，对自我阅读状况不满意（包括“非常不满意”和“不满意”）的人群中，“19岁以下”人群占比较低，“19~25岁”人群占比较高，但是，在“19~25岁”之后，人们对自我阅读状况的不满意度，随着年龄的增长而减少。各年龄段人群对自我阅读不满意的状况，具体如下：“19岁以下”人群占比14.1%，“19~25岁”人群占比18.7%，“26~35

岁”人群占比15.4%,“36~50岁”人群占比14.8%,“50岁以上”人群占比14.7%。

综上所述,从整体来看,“19~25岁”人群对自我阅读状况最不满意,但是,在“19~25岁”之后,人们对自我阅读状况的满意度,随着年龄的增长而增长。具体情况如表4-1所示:

表4-1 不同年龄段人群对自我阅读状况的满意度

年龄段	非常不满意	不满意	一般	满意	很满意
19岁以下	4.9%	9.2%	38.2%	32.6%	15.1%
19~25岁	5.0%	13.7%	44.2%	30.9%	6.2%
26~35岁	3.1%	12.3%	44.1%	33.4%	7.1%
36~50岁	2.2%	12.6%	44.0%	34.2%	7.0%
50岁以上	3.5%	11.2%	36.5%	38.8%	10.0%

4.1.4不同职业人群对自我阅读状况的满意度

调查数据显示,对自我阅读状况满意(包括“满意”和“很满意”)的人群中,“技术人员”占比较高,“农民”人群占比较低。不同职业人群对自我阅读满意的状况,具体如下:“学生”人群占比45.1%,“外来务工人员”占比40.8%,“机关事业单位人员”人群占比44.5%,“农民”占比34.6%,“企业员工”占比38.2%,“技术人员”占比46.5%,“自由职业者”占比39.6%,“其他”人员占比45.0%。

调查数据还显示,对自我阅读状况不满意(包括“非常不满意”和“不满意”)的人群中,“技术人员”占比较低,“外来务工人员”占比较高。不同职业人群对自我阅读不满意的状况，具体如下："学生"人群占比15.4%，"外来务工人员"占比22.7%，"机关事业单位人员"人群占比13.7%，"农民"占比20.3%，"企业员工"占比15.9%，"技术人员"占比10.8%，"自由职业者"占比15.1%，"其他"人员占比14.2%。综上所述，"技术人员"对自我阅读状况的满意度较高。具体情况如表4-2所示：

表4-2 不同职业人群对自我阅读状况的满意度

职业	非常不满意	不满意	一般	满意	很满意
学生	5.0%	10.4%	39.5%	32.8%	12.3%
外来务工人员	3.4%	19.3%	36.5%	31.9%	8.9%
机关事业单位人员	5.0%	8.7%	41.8%	36.4%	8.1%
农民	4.6%	15.7%	45.1%	27.2%	7.4%
企业员工	3.6%	12.3%	45.9%	31.8%	6.4%
技术人员	1.4%	9.4%	42.7%	38.3%	8.2%
自由职业者	1.8%	13.3%	45.3%	34.1%	5.5%
其他	3.7%	10.5%	40.8%	35.4%	9.6%

4.1.5 不同受教育程度人群对自我阅读状况的满意度

调查数据显示，对自我阅读满意(包括"满意"和"很满意")的人群中，"博士"人群占比较高，"大专"人群占比较低。调查显示，在"大专"之后，人们对自我阅读状况的满意度，随着教育程度的增长而增长。不同受教育程度人群对自我阅读满意的状况，具体如下："高中及以下"人群占比44.3%，"大专" 人群占比39.5%，"本科"人群占比41.3%，

"硕士"人群占比46.7%,"博士"人群占比59.5%。

调查数据还显示,对自我阅读状况不满意(包括"非常不满意"和"不满意")的人群中,"博士"人群占比较低,"大专"人群占比较高。调查显示在"大专"之后,人们对自我阅读不满意的状况,随着教育程度的增长而降低。不同受教育程度人群对自我阅读不满意的状况,具体如下:"高中及以下"人群占比15.5%,"大专"人群占比17.4%,"本科"人群占比15.3%,"硕士"人群占比13.8%,"博士"人群占比8.1%。具体情况如表4-3所示:

表4-3 不同受教育程度人群对自我阅读状况的满意度

受教育程度	非常不满意	不满意	一般	满意	很满意
高中及以下	4.2%	11.3%	40.2%	32.9%	11.4%
大专	3.8%	13.6%	43.1%	31.9%	7.6%
本科	3.5%	11.8%	43.4%	34.5%	6.8%
硕士	5.9%	7.9%	39.5%	37.5%	9.2%
博士	2.7%	5.4%	32.4%	39.2%	20.3%

4.1.6 城乡居民对自我阅读状况的满意度

调查数据显示,在认为自我阅读状况"满意""很满意"这两个子项上,城市居民占比高于农村居民,但差别不大,差距都在4.0%以内;在认为自我阅读状况"一般""不满意""非常不满意"这三个子项上,农村居民占比高于城市居民,但差距也不大,差距都在4.0%以内。综上所述,城市居民对自我阅读状况的满意度高于农村居民,并且,不同区域人群对自我阅读状况的评价差距不大，差距都在4.0%以内。

调查数据还显示，2016年城市居民与农村居民对自我阅读状况的主要评价是“一般”，城市居民占比40.1%，农村居民占比43.5%。城市居民与农村居民对自我阅读状况满意（包括“满意”和“很满意”）的占比分别是44.9%、39.8%；城市居民与农村居民对自我阅读状况不满意（包括“不满意”和“非常不满意”）的占比分别是15.0%、16.7%。具体情况如图4-3所示：

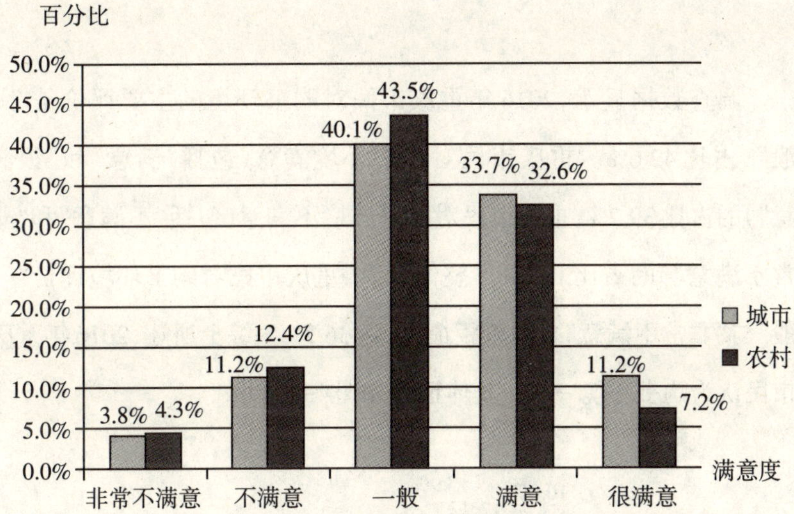

图4-3 城乡居民对自我阅读状况的满意度

4.2 重庆市民对购书环境的满意度

4.2.1 重庆市民对购书环境的满意度总况

调查数据显示,2016年重庆市民对购书环境的主要评价是“一般”,占比42.6%。重庆市民对购书环境满意(包括“满意”和“很满意”)的占比39.2%,重庆市民对购书环境不满意(包括“不满意”和“非常不满意”)的占比18.2%。整体来看,重庆市民对购书环境评价“一般”与“非常不满意”之间差距最大,达36.7%。综上所述,2016年重庆市民认为购书环境一般。具体情况如图4-4所示:

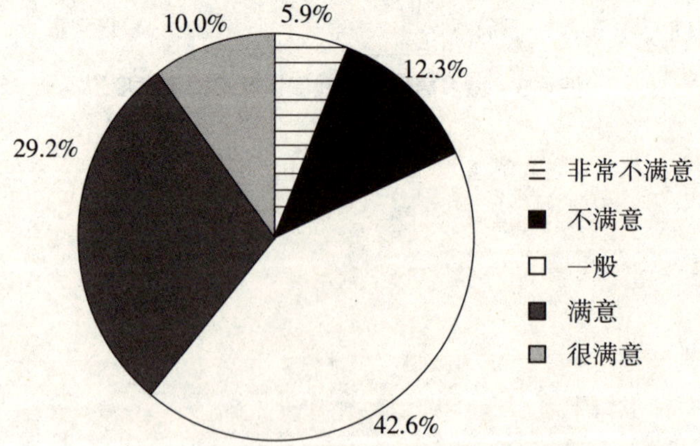

图4-4 重庆市民对购书环境的满意度总况

4.2.2 不同性别人群对购书环境的满意度

调查数据显示，在认为购书环境“一般”“满意”“很满意”这三个子项上，女性占比高于男性占比，但差距不大，差距都在2.0%以内；在认为购书环境“不满意”“非常不满意”这两个子项上，男性占比高于女性占比，但差距也不大，差距都在3.0%以内。综上所述，女性对购书环境的满意度高于男性，并且，不同性别人群对购书环境的评价差距不大，差距都在3.0%以内。

调查数据还显示，2016年男性与女性对购书环境的主要评价是“一般”，男性占比41.6%，女性占比43.4%。男性与女性对购书环境满意（包括“满意”和“很满意”）的占比分别是38.8%、39.5%；男性与女性对购书环境不满意（包括“不满意”和“非常不满意”）的占比分别是19.6%、17.1%。具体情况如图4-5所示：

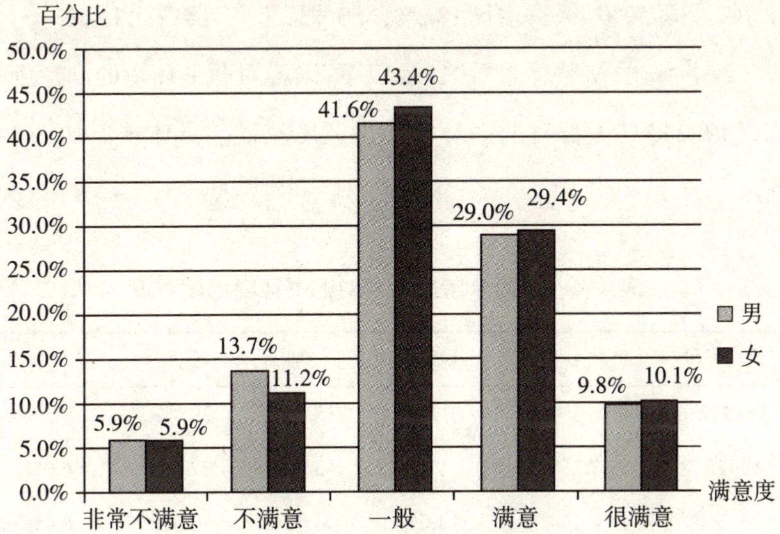

图4-5　不同性别人群对购书环境的满意度

4.2.3 不同年龄段人群对购书环境的满意度

调查数据显示,对购书环境满意(包括“满意”和“很满意”)的人群中,“19岁以下”人群占比较高,“19~25岁”人群占比较低,二者之间相差12.6%。各年龄段人群对购书环境满意(包括“满意”和“很满意”)的状况,具体如下:“19岁以下”人群占比45.9%,“19~25岁”人群占比33.3%,“26~35岁”人群占比36.9%,“36~50岁”人群占比36.0%,“50岁以上”人群占比40.7%。

调查数据还显示,对购书环境不满意(包括“非常不满意”和“不满意”)的人群中,“19岁以下”人群占比较低,“19~25岁”人群占比较高,二者之间相差7.5%,但是,在“19~25岁”之后,人们对购书环境的满意度,随着年龄段的增长而降低。各年龄段人群对购书环境不满意(包括“非常不满意”和“不满意”)的状况,具体如下:“19岁以下”人群占比15.3%,“19~25岁”人群占比22.8%,“26~35岁”人群占比18.7%,“36~50岁”人群占比18.2%,“50岁以上”人群占比16.2%。

综上所述,从整体来看“19岁以下”人群对购书环境的满意度较高,“19~25岁”人群对购书环境的满意度较低。具体情况如表4-4所示:

表4-4 不同年龄段人群对购书环境的满意度

年龄段	非常不满意	不满意	一般	满意	很满意
19岁以下	6.3%	9.0%	38.8%	29.3%	16.6%
19~25岁	7.1%	15.7%	43.9%	27.3%	6.0%
26~35岁	4.1%	14.6%	44.4%	30.5%	6.4%

续表

年龄段	非常不满意	不满意	一般	满意	很满意
36~50岁	5.3%	12.9%	45.8%	28.8%	7.2%
50岁以上	6.1%	10.1%	43.1%	31.5%	9.2%

4.2.4 不同职业人群对购书环境的满意度

调查数据显示,对购书环境满意(包括“满意”和“很满意”)的人群中,“学生”人群占比较高,“农民”人群占比较低,二者相差13.1%。不同职业人群对购书环境的满意(包括“满意”和“很满意”)状况,具体如下:“学生”人群占比42.8%,“外来务工人员”占比32.3%,“机关事业单位人员”人群占比37.3%,“农民”占比29.7%,“企业员工”占比35.1%,“技术人员”占比41.6%,“自由职业者”占比37.8%,“其他”人群占比38.7%。

调查数据还显示,对购书环境不满意(包括“非常不满意”和“不满意”)的人群中,“农民”占比较高,“其他”人群占比较低。不同职业人群对购书环境不满意的状况,具体如下:“学生”人群占比16.3%,“外来务工人员”占比25.3%,“机关事业单位人员”人群占比22.3%,“农民”占比27.2%,“企业员工”占比18.3%,“技术人员”占比15.6%,“自由职业者”占比17.3%,“其他”人群占比15.1%。综上所述,“农民”人群对购书环境的满意度较低。具体情况如表4–5所示:

表4-5 不同职业人群对购书环境的满意度

职 业	非常不满意	不满意	一般	满意	很满意
学生	6.1%	10.2%	40.9%	29.4%	13.4%
外来务工人员	6.0%	19.3%	42.4%	22.2%	10.1%
机关事业单位人员	9.2%	13.1%	40.4%	29.5%	7.8%
农民	7.7%	19.5%	43.1%	22.5%	7.2%
企业员工	3.1%	15.2%	46.6%	29.8%	5.3%
技术人员	3.0%	12.6%	42.8%	35.8%	5.8%
自由职业者	5.6%	11.7%	44.9%	31.3%	6.5%
其他	5.7%	9.4%	46.2%	29.7%	9.0%

4.2.5不同受教育程度人群对购书环境的满意度

调查数据显示,对购书环境满意(包括“满意”和“很满意”)的人群中,“博士”人群占比较高,“大专”人群占比较低,二者相差24.1%。“高中及以下”人群至“大专”人群,其对购书环境的满意度呈下降趋势,但是,在“大专”之后,人们对购书环境的满意度,随着教育程度的提升而增长。不同受教育程度人群对购书环境满意的状况,具体如下:“高中及以下”人群占比40.6%,“大专” 人群占比34.0%,“本科”人群占比37.9%,“硕士” 人群占比44.7%,“博士” 人群占比58.1%。

调查数据还显示,对购书环境不满意(包括“非常不满意”和“不满意”)的人群中,“大专”人群占比较高,“硕士”人群占比较低。不同受教育程度人群对购书环境不满意的状况,具体如下:“高中及以下”人群占比17.4%,“大专” 人群占比22.0%,“本科”人群占比17.8%,“硕士”人群占比15.8%,“博士”人群占比21.6%。综上所述,从整体来看,“大专”人群对购书环境的满意度最差。具体情况如表4-6所示:

表4-6 不同受教育人群对购书环境的满意度

受教育程度	非常不满意	不满意	一般	满意	很满意
高中及以下	6.0%	11.4%	42.0%	28.4%	12.2%
大专	6.8%	15.2%	44.0%	26.8%	7.2%
本科	5.0%	12.8%	44.3%	31.5%	6.4%
硕士	7.5%	8.3%	39.5%	34.0%	10.7%
博士	6.7%	14.9%	20.3%	41.9%	16.2%

4.2.6城乡居民对购书环境的满意度

调查数据显示,城市居民认为购书环境“满意”与“很满意”的比重高于农村居民,而城市居民认为购书环境“一般”“不满意”与“非常不满意”的比重,却低于农村居民。综上所述,从整体来看,城市居民对购书环境的满意度高于农村居民,但是,二者对购书环境的各项评价差距并不大,差距都在10.0%以内。具体情况如图4-6所示:

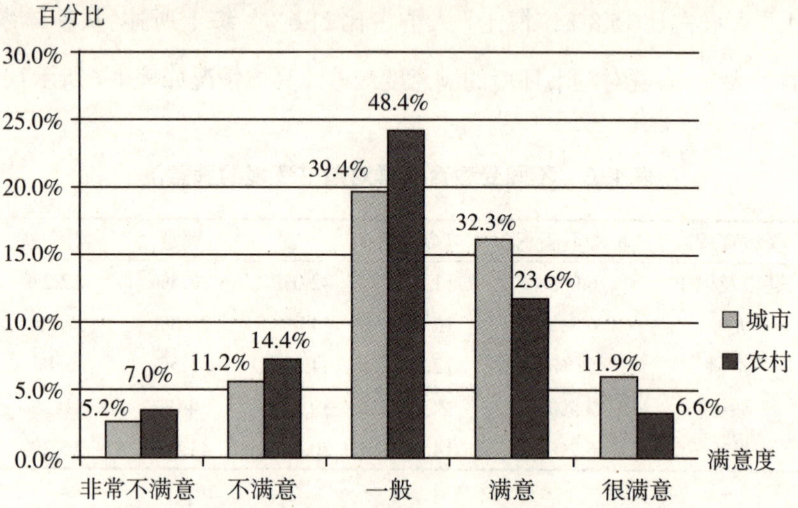

图4-6　城乡居民对购书环境的满意度

后 记

《重庆市全民阅读调查(2016)》,历时一年,费尽周折。报告生成后,重庆市文化委员会于2017年4月11日就此召开了专题新闻发布会,市内多家媒体纷纷在头版头条或醒目位置给予了专题报道。本次调研是重庆直辖以来规模最大、参与人数最多、调查数据最全的一次调查活动,实现了不同区域、职业类别、年龄范围的全覆盖,真实地反映了2016年重庆市民的阅读状况与公共文化设施的配置状况,为重庆市推进精准文化扶贫、制定公共文化政策、建设“书香重庆”提供了实证性的数据支撑。

在前期调查、数据录入与分析、后期调研报告的撰写过程中,西南大学三峡库区经济社会发展研究中心的熊仕刚、罗梦、金万鹏、刘治恒等四位同学为此付出了艰辛的劳动。尤其值得一提的是,熊仕刚同学,作为课题组的中坚力量,自始至终参与其中,扮演着重要角色。此外,重庆图书馆的王宁远副馆长、王祝康主任等对本次调研给予了精心指导和悉心关怀。在此一并表示感谢!

由于本人水平有限,加之首次涉足此类课题,不足之处在所难免。恳请学者同仁、大方之家不吝赐教,共同为建设“书香重庆”而努力。

孙道进

2018年3月15日于西南大学